DOJIN
SENSHO

81

「かわいい」のちから

実験で探るその心理

入戸野 宏 著

はじめに

私たちの周りには、「かわいい」という言葉があふれています。街を歩いていても、家でテレビを見ていても、「かわいい」という語を見聞きしない日はありません。ありふれていながら、何となく楽しく、そして温かい感じがします。

でも、「かわいい」って何でしょうか。改めて聞かれると、うまく答えられません。

そんな「かわいい」について、私が研究を始めることになったのは、二〇〇七年の秋でした。夏休みが終わり、研究室に配属された三年生の女子学生たちが、研究テーマの相談に来ました。「自分はふわふわしたかわいいものが好きなんですが、そういう気持ちを心理学の実験で調べられないでしょうか。そんな卒論を書きたいです」。こういった内容の相談でした。

私は、実験心理学という分野で研究をしています。人間の心の仕組みや法則を実験によって明らかにするのが仕事です。「実験」という言葉には不思議な魅力があります。誰も知らない真実を自分の手で明らかにするといったワクワクするイメージがある一方で、「人間を実験台にするなんて」と気味の悪さや不快感をおぼえる人もいるかもしれません。

研究テーマを決めるには、いろいろな方法があります。研究室によっては、最新の研究テーマをメンバーで手分けして進めることもあります。一人一人が駒となって動くので、効率よく研究ができます。でも、私は、心理学の研究テーマは一人一人の生活体験に基づいて少しずつ違ってよいと考えています。研究室に入ってきた学生には、まず自分の関心事を自分の言葉で話してもらいます。自分の根っこにある関心からスタートすることが、研究を進める原動力になるからです。学生の声を聴くことは、私自身が心の世界の豊かさを忘れないようにするためにも必要なのです。「かわいい」の研究もそれがきっかけで始まりました。

本書では、実験心理学の立場から「かわいい」について論じます。「かわいい」については、これまでファッションや文化論として語られることがほとんどでした。最近になって、建築や工学といった分野でも言及されるようになりましたが、科学的に体系立てて論じた例はありません。本書で扱うのは、読者のみなさんが期待されるよりもずっと狭い範囲の単純な「かわいい」です。しかし、「かわいい」のようなあいまいな概念に迫るためには、思い切って単純化することが役立ちます。

この本のもう一つの狙いは、実験心理学という学問分野を実例に基づいて紹介することです。そのため、結論だけではなく、そこに至った研究の手続きをあえて詳しく書きました。複雑な人間の心に実験で迫っていく過程を楽しんでください。

この本の構成

第一章では、「かわいい」という言葉の意味と歴史について説明します。kawaii は国際語と言われることがありますが、実際はどうなのかについても述べます。

第二章では、「かわいい」という言葉のイメージや、男女別・年代別の意識調査データを示します。本書ではなぜ「カワイイ」ではなく「かわいい」と表記するかについても説明します。

第三章では、「かわいい」の心理学の出発点とされるベビースキーマ（赤ちゃん図式）について解説します。七〇年以上にわたり、強い影響力を持った「かわいい」の理論です。

第四章では、かわいさと幼さの違いについて述べます。赤ちゃんだからかわいいわけではないことを、さまざまな研究データによって示します。

第五章では、「かわいい」を感情として捉える見方を紹介します。ベビースキーマ説では解釈できない現象からスタートし、対象の性質である「かわいさ」と、見る人が抱く「かわいい」感情とを区別する新しい理論を提案します。

第六章では、「かわいい」に関連した内外の研究をもとに、かわいいものがもたらす効果についてまとめます。かわいいものに接するとどうなるのかを最新のデータに基づいて紹介します。

第七章では、「かわいい」研究の応用について考えます。過去に行った産業界での取り組みや、現在進行中の研究プロジェクトについて紹介します。

第八章では、なぜ「かわいい」が、科学のテーマとしても、日常の生活においても大切なのかをまとめます。「かわいい」文化が日本で発展した理由を推測し、今後の展望を述べます。

「かわいい」の研究をしていますと自己紹介すると、気楽な研究をしているように思われることがあります。もちろん、「かわいい」研究の根底には、みんなが感じる疑問に答えたいというサービス精神と遊び心があります。しかし、一見分かりやすそうなテーマだからこそ、研究自体は厳密に実施することでバランスをとる必要があるのです。

先ほどの学生からの相談に対して、私は「それは面白そうだけど難しいね」と答えました。読者のみなさんならどうしますか。あきらめて別のテーマを探しますか。私はいつも次のように言います。「難しいからといって、研究テーマにできないわけではない。それが解くべき課題であるなら、難しくてもチャレンジする値打ちはある。でも、一筋縄でいかないことは明らかだから、他の人を超える努力が必要になるし、失敗する可能性もある。もっと確実にできる手堅いテーマもある。どちらを選んでもいいよ」と。

本書は、そうやってスタートし、いまだに試行錯誤を重ねている未完の研究について紹介するものです。八つの章に分かれていますが、どこからお読みいただいてもけっこうです。それではさっそく始めましょう。

「かわいい」のちから◉目次

第一章 「かわいい」とは何だろうか

何にでも使える便利な言葉

「かわいい」という言葉はいろいろな場面で使われます。子犬や子猫に対してかわいいと言ったり、人間の赤ちゃんや子どもに対してかわいいと言ったりするのは、分かりやすい例です。でも、子どもではないおじいちゃんやおばあちゃんをかわいいと言ったり、中年男性(の一部)をかわいいと言ったりすることもあります。また、ファッションやモノのデザインについてかわいいと言うこともありますが、その感性が理解できないこともあります。

何がかわいいか、かわいくないかを、小さい、丸いといった対象の物理的特徴から定義しようとすると、早々に行き詰まってしまいます。すぐに例外が見つかるからです。小さなものはかわいいとよく言われます。でも、大きければかわいくないかというと、そうでもありません。例えば、パンダはかわいい動物と言われますが、実物はそれなりの大きさがあります。ジャイアントパンダの体長は一・五メートル、体重は一〇〇キロにもなります。

世代や所属する集団が違えば、何をかわいいと感じるかは変わります。だから、若者文化の研究者には、「かわいい」を定義するのはあきらめようと提案する人もいます。また、社会学者には、「二人以上がかわいいと言ったらそれはかわいいと定義しよう」という人もいます。しかし、これでは「かわいい」とは何かという本質的な問いには答えられません。

「かわいい」は何でもありという状態に拍車をかけるのが、「〇〇かわいい」「〇〇かわ」という言葉です。二〇〇〇年前後から使われはじめたようですが、一見すると矛盾した言葉を二つ並べています。例えば、「キモイ（気持ち悪い）」と「かわいい」がくっついて「キモかわいい」、「ブサイク（不細工）」と「かわいい」がくっついて「ブサかわ」といった具合です。その意味は何となく理解できますが、「キモい」と「キモかわいい」の違いは何かをすっきりと説明するのはなかなか難しいことです。「感性だよ」と言われたらそれまでですが、誰にでも分かるように説明できないでしょうか。

「かわいい」は対象の属性ではない

「かわいい」は、「幼い」「やわらかい」「丸い」といった、対象が持つ性質（属性）のように考えられることがあります。「かわいい赤ちゃん」と言ったら、その赤ちゃんがかわいいという性質を持っている、「かわいい洋服」と言ったら、その洋服がかわいいという性質を持っている。そのように考えます。しかし、そうやって「かわいい」ものを集めていくと多種多様になっていき、その結果「かわいい」が何であるかが分からなくなってしまうのです。

問題が解けないなら、見方を変えればいい。「かわいい」を物理的特徴から定義しようとすると答えが出せませんが、私たちは日々の生活の中で何の苦労もなく「かわいい」と感じます。かわいいと感じる対象は人によって違っても、この直感的な体験だけは共通しているはずです。それが共通しているから、「かわいい」という言葉を使った会話が成立するのです。もしかすると、人によって「かわいい」という体験も違うかもしれません。でも、「違う」という積極的な証拠がないかぎり、科学ではとりあえず「同じ」と考えます。これを「倹約的（parsimonious）」と言います。英語辞書には「しみったれ、どけちの」とありますが、できるだけ単純に余計な仮定を置かずに進めるのが、科学の方法なのです。

「かわいい」は、人やモノの属性ではなく、人やモノに接したときに私たちの中で生じる感情である。これが私の「かわいい」研究の出発点です。本書では、この着想をさまざまな形で展開していきます。

犬が好きか猫が好きか

子犬や子猫がかわいいと書きましたが、犬が好きな人も猫が好きな人もいます。「かわいい」の研究を始めてから、「犬と猫のどちらが好きですか」「犬派ですか猫派ですか」と尋ねられる

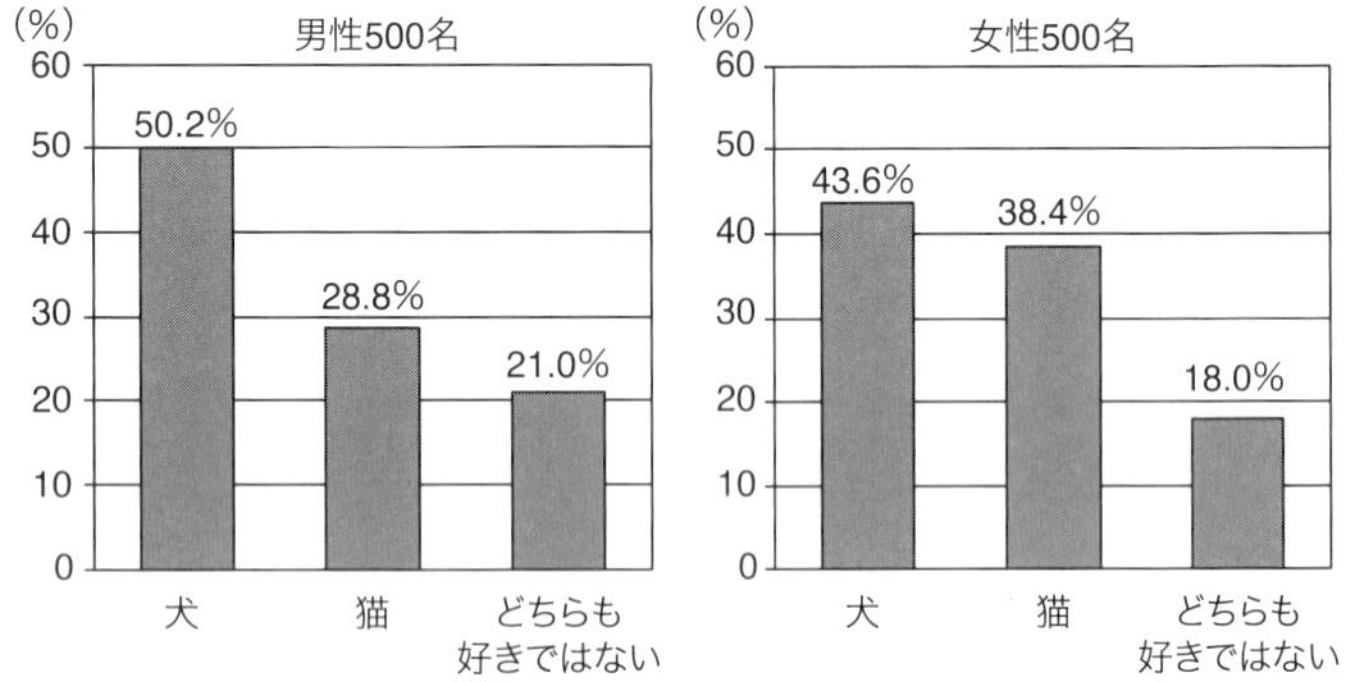

図 1-1　犬が好きか、猫が好きか？

クロスマーケティング社による調査（2018 年 4 月）。

ことが増えました。そういう質問を受けると、正直なところ困ってしまいます。というのは、私は動物全般が苦手だからです。犬好き、猫好きの人たちからは、「こんなにかわいいのに」とあきれたように言われることがあります。でも、そんなにかわいいとは感じないので、仕方ありません。

動物が嫌いだと言うと、冷たい人と思われるかもしれません。でも、実はそういう人はけっこう多いのではないでしょうか。二〇一八年四月に調査会社のクロスマーケティングが「あなたは『犬』と『猫』のどちらが好きですか」というインターネット調査を行いました。[1]二〇代から六〇代までの男女計一〇〇〇名が回答しました。その結果、図1－1に示すように、男性も女性も、犬好きが猫好きを上回る結果となりました。しかし、男性も女性も、五人に一人が「どちらも好きではない」と答えていたのです。

海外でも似たような調査が行われていました。二〇〇九年四月に英語でインターネット調査が行われ、自分を犬派（dog person）と思うか、猫派（cat person）と思うか、両方か、どちらでもないかという質問に四五六五名が回答しました。その結果、犬派が四六％、猫派が一一％、両方が二八％、どちらでもないが一五％という結果でした。この調査でも、両方に親近感を覚えない人が少なからずいました。

ペットに対する態度は、育った家庭の環境に影響されます。一九九四年に発表されたアメリカの研究では、父親よりも母親のペットに対する態度が子どもに影響するという結果が得られています。これは文化によっても変わるようで、アラブの家父長制が強い国（クウェート）では、母親よりも父親の影響が大きいという結果が出ています。私が育った家では犬も猫も飼っていませんでしたから、それがペットに対する態度に影響しているのかもしれません。

私がかわいいと感じるのは、人間の赤ちゃんや幼い子どもです。理由は分かりませんが、自分が父親になる前からそのような傾向がありました。「かわいい」と感じる能力が欠けているわけではなく、それが発揮される対象が違うのです。「かわいい」の本質を理解するには、この「人それぞれ」という部分が大切になります。

実験心理学の面白いところは、こういった個人的体験が単なる思い過ごしではないと実証してくれることです。赤ちゃんをかわいいと感じる人と、動物をかわいいと感じる人は異なるこ

1 https://www.cross-m.co.jp/cromegane/dc20180425/

とが、複数の研究から明らかになっています。赤ちゃんをかわいいと感じるからといって動物をかわいいと感じやすいわけではなく、逆に、動物をかわいいと感じるからといって人間の赤ちゃんをかわいいと感じるわけでもないのです（124ページ参照）。

辞書による定義

ある現象や概念を研究するなら、まずはその定義をはっきりさせることが大切です。分野によって、同じ言葉が違った意味で使われることがよくあるからです。

まずは日本語の辞書を調べてみましょう。ここでは日本で一番大きな辞書（全一三巻）である小学館の『日本国語大辞典第二版』（二〇〇一）を参照します。用例を除いて語義のみを抜粋すると、次のようになります。

かわい・い【可愛】（「かわゆい」の変化した語）

(1)あわれで、人の同情をさそうようなさまである。かわいそうだ。ふびんだ。いたわしい。(2)心がひかれて、放っておけない、大切にしたいという気持である。深く愛し、大事にしたいさまである。いとしい。(3)愛すべきさまである。かわいらしい。㋑（若い女性や子どものの、顔や姿が）愛らしく、魅力がある。㋺（子どものように）邪心がなく、殊勝なさまである。いじらしい。(4)（物や形が）好ましく小さい。また、小さくて美しい。(5)とるに足らない。あわれむべきさまである。やや侮蔑を含んでいう。

かわゆ・い【可愛】（「かわはゆし（顔映）」の変化した語）

(1)きまりがわるい。はずかしい。(2)（物をまともに見ていられない意から）あわれで、人の同情をさそうようなさまである。かわいそうだ。ふびんだ。気の毒だ。いじらしい。(3)（女、子どもなど）愛らしい。愛らしく感じられる。また、甘えの気持をこめて愛人などをいとしいと思うさまにいう。かわいい。(4)小さくて、やさしく扱ってやりたい気持を起こさせるさまである。好ましく小さい。かわいい。かわいらしい。

かわ‐はゆ・し【顔映】（「顔（かお）映（は）ゆし」の変化した語）

はずかしい。良心がとがめて顔が赤らむようだ。

おやっと思います。どの言葉についても、最初に書かれている意味は、私たちの考える「かわいい」ではありません。「かわいい」では二番目、「かわゆい」では三番目になって、ようやく現代の「かわいい」の意味に近くなります。

別の辞書も調べてみましょう。『広辞苑第七版』（二〇一八）では「（カワユイの転。「可愛い」は当て字）①いたわしい。ふびんだ。かわいそうだ。②愛すべきである。深い愛情を感じる。

③小さくて美しい」となっています。

ユニークな解説で定評のある『新明解国語辞典第七版』（二〇一一）には、とても詳しく書かれています。用例を省略して紹介します。

かわい・い（形）

〔文語「かはゆし」から来た「かはゆい」の変化と言われ、原義は、ほうっておけば悪い事態になるのをそのまま見過ごせない、の意〕㊀親が我が子にいだく心情のように、どんなことがあっても無事に過ごせるように守ってやらなければならないという気持に駆られる様子だ。㊁無心に親に甘える子供のように、表情やちょっとしたしぐさなどにほほえましさを感じ、いつまでも見守っていたいといった感情をいだく様子だ。㊂Ⓐ小さくて頼りない（弱弱しい）感じがするところに親しみやすさをいだかせる様子だ。Ⓑ同種の他のものと比べて小さい意。【表記】「可愛い」は、借字。【運用】㊁㊂は、（若い）女性が、衣服や装飾品などを目にして、人目をひく華やかさはないが、（どことなく子供っぽさがあり）自分の好みに合っていると感じた際に、軽い感動の気持を込めて、「そのブローチ、かわいいじゃない」などと用いることがよくある。

どの辞書を見ても、「かわいい」には複数の意味があります。そして、もともとは、現在のよ

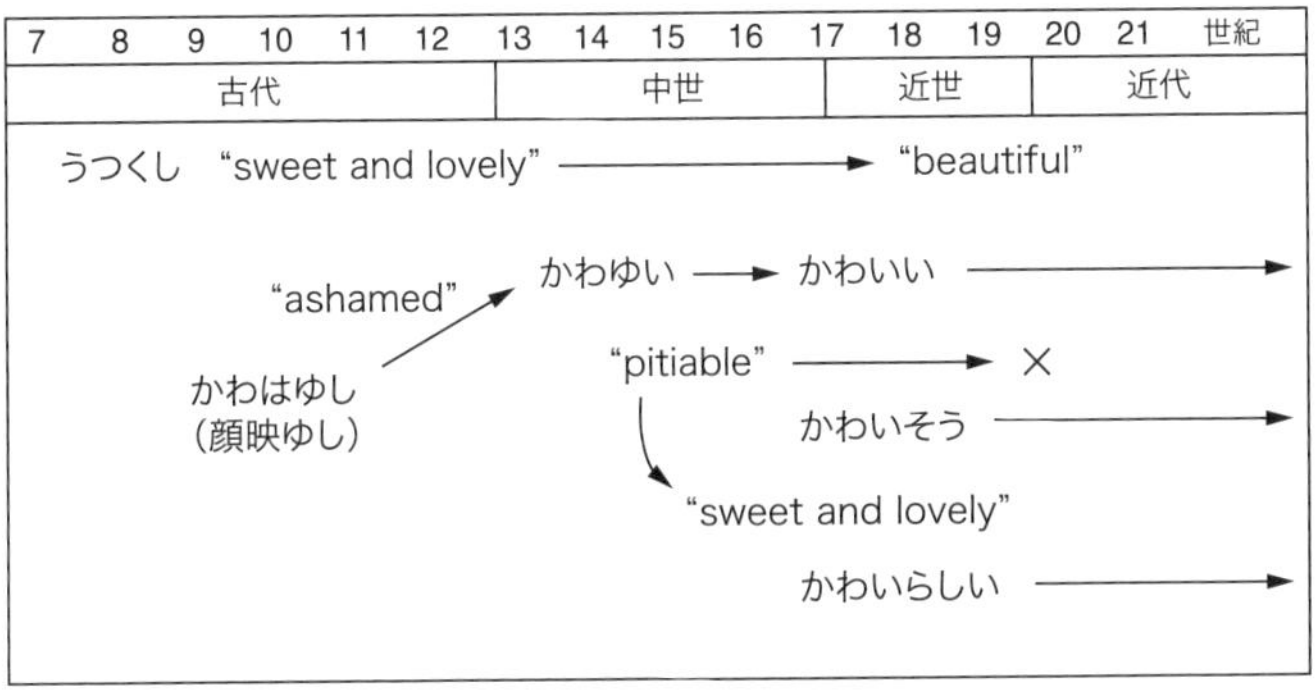

図1-2　「かわいい」という言葉の歴史

うに明るい意味ではなかったことが分かります。なお、「かわいい」は形容詞なのですが、近年は名詞として使われることも増えています。本書では誤読を防ぐために、名詞として使うときは、カギカッコをつけて「かわいい」と表記することにします。

言葉の歴史

言葉は生き物ですから、時代によって意味が変わります。最近の例として、良くない意味で使われていた「やばい」という言葉が、良い意味でも使われるようになったことが挙げられます。

図1－2に、前述の『日本国語大辞典第二版』の記述をもとに作成した「かわいい」にまつわる語の変遷を示しています。「かわいい」は「かわゆい」が変化した語です。「かわゆい」は「かわはゆし」が語源と言われています。「かわはゆし」は「顔映ゆし」と書き、顔が映える、つまり、鮮やかに赤らむことです。中世（鎌倉時代から安土桃山時

代）には「見るに忍びない」の意から、気の毒で不憫《ふびん》という意味で用いられました。中世後半に、女性や子どもなど弱者への憐れみの気持ちから発した情愛の念を示す意が派生し、「かわいい」という変化形が生じます。近世（江戸時代）の後半になると不憫の意は消失して、愛らしいの意のみとなり、さらに愛すべき小さいさまという属性形容詞の用法も出現します。原則的に目上の者が目下の者に抱く情愛を示す表現であり、目下の者から目上の者への情愛を示すには「いとしい」が用いられたようです。

現代の「かわいい」に相当する意味を持った言葉として、古代では「うつくし」が使われていました。古文の授業で聞いたことがある人も多いでしょう。清少納言の『枕草子』（九九六年頃）には「うつくしきもの」という段があります。「うつくしきもの、瓜にかきたるちごの顔」という書き出しで、愛らしく思えるものを列記しています。[2]途中で「なにもなにも、ちひさきものはみなうつくし」とありますが、ここで「うつくしい」と表現されている一六の対象は、現在では「かわいい」と言い換えても理解できます。そのうちの一〇は、子どもや小動物の具体的なしぐさやふるまい（例えば、おかっぱ頭の幼女が、髪が目にかかっても手でかきやりもしないで首をかしげて何かを見ている様子）であり、静物は六つだけというのも興味深いことです（瓜にかかれた幼児の顔、人形の道具、池から取り上げた小さな蓮の浮葉、小さな葵《あおい》の葉、鳥の卵、瑠璃の壺）。ネット上では、清少納言のセンスは現代のキラキラ女子と似ていることを指摘している人もいました。[3]言われてみると、今のインスタグラムのように、さまざまな事物の組み合わせによって自分の感性を表現し、発信しています。

「かわゆい／かわいい」が持っていた不憫と愛らしいという二つの意味は、中世末から近世初頭に二つの語を派生します。「かわいい」に、様態を表す接尾語「そう」（…の様子だ）がついた「かわいそう」は、不憫なさまを指して使われます。他方、「かわいい」に「らしい」（…としての特質をよくそなえている、いかにも…の様子である）という接尾語がついた「かわいらしい」は、愛らしいさまを表して使われます。「かわいそう」と「かわいい」「かわいらしい」は、現代の語感ではマイナスとプラスの意味を表していますが、語源は同じなのです。

このように、「かわいい」はもともとネガティブな意味だったものが、プラスの意味で使われるようになりました。ここで大切なのは「かわいい」が「かわはゆし」から生まれたのだとすれば、「かわいい」はもともと感情状態を表す語だったということです。赤ちゃんを見て「かわいい」と言うのは、赤ちゃんの属性を表現しているのではなく、赤ちゃんを見たときの心の状態を表現しているのです。

「かわいい」はもともと感情形容詞でしたが、対象の属性を表しても使われるようになりました。だから、「かわいくないけど、かわいい」という矛盾した表現ができるのです。「（世間の標準では／見た目は）かわいくないけど、（自分にとっては）かわいい」という意味です。

2　現代語訳と解説　http://manapedia.jp/text/1668/
3　https://pdmagazine.jp/works/makurano-soushi/

ところで、赤ちゃんの顔を見ると、本当に顔が映えることを示した研究があります。二〇一四年に発表された日本とイタリアの共同研究では、幼児の顔写真とおとなの女性の顔写真を五秒間見たときの顔面皮膚温の変化を、サーモグラフィカメラで測定しました。日本人女性三三名、イタリア人女性三二名が実験に参加しました。すると、日本人女性もイタリア人女性も、幼児顔を見たときは鼻の部分で平均一・三度の皮膚温上昇が認められました。おとなの顔を見たときは平均〇・一度の上昇でした。皮膚温は、外気温や発汗、筋活動など複数の要因によって変化しますが、この実験では、末梢血管が拡張して血液の温度が皮膚表面に伝わりやすくなった（つまり顔が赤みを帯びた）のが主な原因だと考えられます。「かわいい」は本当に「顔映ゆし」だったのです。

kawaii は国際語なのか

「かわいい」文化の話をすると、kawaii という言葉は世界に知られていると言われることがよくあります。確かに、世界のいろいろなところに日本のポップカルチャーの愛好者がいて、マンガやアニメ、コスプレのイベントが開催されているのは事実です。しかし、一般の人にまで浸透しているかというと、そうではなさそうです。

私がこのことを実感したエピソードを二つ紹介しましょう。一つは、二〇一二年九月に「かわいい動物の写真を見たあとは集中できる」という論文を *PLoS ONE* という学術雑誌に発表したときのことです。「The power of *kawaii*（「かわいい」のちから）」という本書と同じタイトルの論文でした。この論文は、最初、kawaii ではなく cuteness をタイトルに使っていました。心理学の専門誌に投稿したのですが、不採択となりました。その後、オープンアクセス誌（誰もが無料で読めるように投稿者が掲載料を負担する雑誌）に再投稿するにあたり、あえて kawaii をアピールしてみようと考えました。少なくとも、国内のメディアは興味を持つだろうと予想したのです。その読みは当たりました。大学を通じてプレスリリースを出した直後から、新聞やテレビ、ラジオの取材を多数受けました。どの報道でも必ず「かわいい」というキーワードが出てきました。

意外だったのは、海外からの反応が、国内を上回っていたことです。英語論文なので海外の読者が多いのは当然なのですが、七〇を超えるネット記事に取り上げていただきました。ところが、不思議なことに気づきました。どの海外メディアも kawaii というタイトルには目もくれず、かわいい動物の写真を見ると集中できるという結果だけが紹介されました。日本に絡めたタイトルは、「The Hello Kitty Effect」と名づけたアメリカの『フォーブス』誌の記事くらいでした。[4] このとき、kawaii という語は海外ではあまり人気がないんだなと感じました。

もう一つのエピソードは、二〇一三年に東京で行われたデザイン研究の国際会議でのことで

---

4 https://www.forbes.com/sites/andrewbender/2012/10/03/the-hello-kitty-effect-viewing-cute-pictures-can-improve-job-performance/

す。まったくの偶然から、認知科学の大御所ドン・ノーマン氏（一九三五〜）にお会いできました。ノーマン氏は、現代の認知心理学の基礎を作った人で、私の世代にとってはスーパースターのような存在です。日本でもその著書のほとんどが翻訳され、よく読まれています。二〇〇四年に『エモーショナル・デザイン』という本を出版し、デザインが持つ機能性だけでなく情緒性についても言及していました。

彼は、私が発表することになっていた「かわいい」に関するシンポジウムにふらりと立ち寄りました。誰もが知る有名人なので、司会者がコメントを求めたところ、こんなことを言いました。私はkawaiiという言葉は聞いたことがないのでよく分からない。でも、もしkawaiiがcuteと同じなら、それはあまり重要でないのではないかという内容でした。正確な表現は覚えていません。しかし、彼がkawaiiという語を知らないこと、そしてcuteは重要ではないと言ったことが印象的でした。エモーショナル・デザインを提唱する人でもそうなのかと衝撃を受けました。

その後、彼の本をもう一度よく読むと、その意図が少し分かりました。本の中で、アレッシィ（Alessi）というイタリアメーカーの「テオ（Te ò）」という樹脂製の茶こしが出てきます。丸みを帯びた人の姿をしており、腕と脚がついています。ちょうど両脚を前に投げ出して座った子どもが、両腕を広げてステンレスのザルを捧げ持っている形です。ザルに茶葉を入れ、腕の部分をカップのふちに引っ掛けると、カップにしがみついているように見えます。ザルの上からお湯を注いで使います。ノーマン氏はこの商品を次のように紹介しています。「一見すると、その人形の腕と脚は単にキュートだが、そのキュートさが機能的でもあると分かると『キュート（cute）』は『快（pleasure）』と『楽しさ（fun）』に変換され、そして長く続くようになる」。そのあとで、「浅いキュートさ（shallow cuteness）」を「深くて長く続く快（deep, long-lasting pleasure）」に変換するのは、驚きや意外性、賢さであると論じています。このような説明を読むと、ノーマン氏がcuteは大したものではないと答えた理由が分かります。

残念なことに、そのときの私は、kawaiiとcuteの違いを明解に説明できるアイデアを持っていませんでした。今なら、kawaiiはcutenessに対して生じる、変換されたあとの快を含む感情であると簡潔に答えられるでしょう（詳しくは第五章をご覧ください）。

海外の人は、日本人が期待するほどkawaiiに関心がありません。これは当たり前のことです。豆腐とかわさびとか、もともとその国にないものであれば、新しい名前が必要です。しかし、身近に体験できる感情について、わざわざ外来語である日本語を使う必要はありません。

ここで、英語のcuteと日本語の「かわいい」の違いについて触れておきましょう。東京学芸大学でcuteについての研究を行うジョシュア・デールさんによると、cuteという語は一八世紀にacute（鋭い、激しい）の頭音消失異形として登場し、「ずるがしこい」とか「狡猾《こうかつ》な」といった意味であったそうです。一九世紀にはアメリカの口語となり、現在の意味を獲得しますが、その根底には、ずるくて抜け目がないとか、取るに足らないといったニュアンスが残りました。当初は、エキゾチックな黒人の赤ちゃんに対して使われることが多かったといいます。身内の子どもに対して良い意味で使われるようになったのは、比較的最近のことだそうです。「かわいい」が、その語源から同情や慈愛の気持ちを表すものであったこととは対照的です。

心理学の研究では、英語の cute は、対象が持つ属性（特に見た目）を指す言葉です。cuteness は、幼児の身体的魅力（infant physical attractiveness）と同義で用いられます。これに対して、日本語の「かわいい」は、もともと見る人が抱く感情を表す言葉でした。それが属性を表す語として流用されたために、cute との混乱が生じたのです。

ときどき「かわいい」に相当する外国語はないと言われます。これは半分だけ当たっています。オーストラリアのバックレー（二〇一六）は、英語にはかわいいものを見たときの感情を表す言葉がないので、Aww 感情と名づけようと提案しています。Aww は英語の感嘆詞です。場面によって発音が違いますが、かわいいものを見たときには、アとウの中間のような音で「アゥ〜ア」（高い音から下がって最後に少し上がる）となります。アメリカのアニメ映画などで、かわいい子犬や子猫が登場すると、見ている人が目を細めて一斉に「アゥ〜ア」というシーンを見ることができます。しかし、ノルウェーのスタイネスたちは、二〇一九年の論文で、小動物などの愛しいものを見たときの感情を表す語は、英語やドイツ語やノルウェー語にはないが、他の言語（例えば、ハンガリー語やエストニア語、フィンランド語）にはあると主張しています。

kawaiiという言葉が、日本に関心のある人の中でだんだんと知られるようになっているのは確かです。イスラエル人のシーリ・リーバー＝ミロさんと私が、二〇一八年にイスラエルで実施したネット調査では、一三歳から六八歳までの四四五名のうち、八六%（三八一人）が日本語の「かわいい」（ヘブライ語表記では קוואי または קוואיי）になじみがあると答えました。[5]「はい」と答えた割合に男女差はありませんでしたが、若い人ほど高くなりました。回答者が日本に関心がある人に偏っていた可能性もありますが、若者から徐々に広まっているようです。

kawaiiは「かわいい」ではない

kawaiiは一文字ちがうと「怖い」になるよねというジョークを、英語を話す外国人から聞くことがあります。最初、私はその意味が分かりませんでした。日本人なら「こわい」と「かわいい」を間違えることなどありえないからです。

実は、kawaiiは、海外では日本語と同じように「かわいい」とは発音されません。Oxford Living Dictionaryを見ると、「カワイ」(kəˈwʌɪ) というように、ワにアクセントがあります。[6] 言われてみると、Hawaii（ハワイ）の綴《つづ》りとそっくりです。このように発音が正しく知られていないことは「かわいい」の理解を妨げています。なぜなら、日本語のように「かわいい〜」と

5　現在論文を投稿中で、データは https://osf.io/j4vcn/ で公開しています。

6　https://en.oxforddictionaries.com/definition/kawaii/

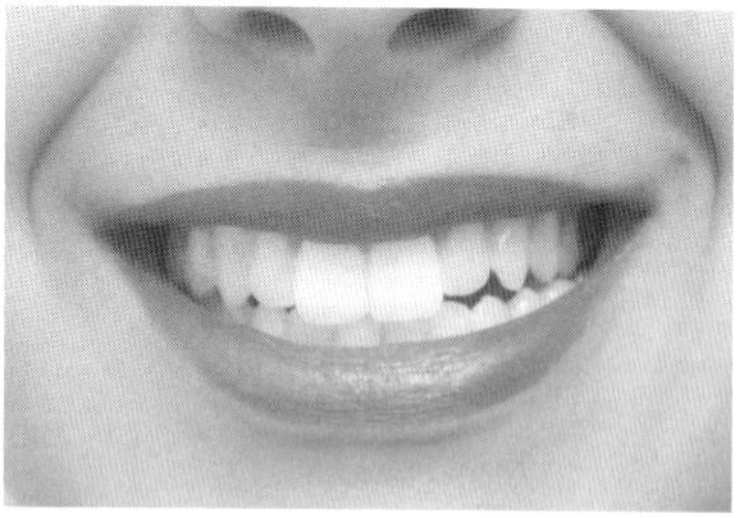

図 1-3 「かわいい」と発音すると……

図 1-4 「ハイ、かわいい〜」
台湾にある国立交通大学での講演のあとで。

語尾を伸ばして発音することが、「かわいい」の魅力を高めているからです。
日本語で正しく「かわいい」と発音してみてください。最後の「いい」のところで、口の端が横に引っ張られますね。図1-3に示すように、笑顔を作る顔の筋肉（表情筋）が活動するのです。つまり、「かわいい」と声に出している人は笑っているように見えます。みんなで集まって写真を撮るときに「ハイ、チーズ」と言います。そのかわりに「かわいい〜」と言っても笑顔の写真が撮れます（図1-4）。

「チーズ」なら、「ズ」と言う前にシャッターを押さないといけませんが、「かわいい」ならその状態がしばらく続きます。

「かわいい」と発音すると笑顔に見える。これは単なる偶然でしょうか。本書でたびたび登場するように、「かわいい」と笑顔には深い結びつきがあります。「かわいい」と声に出す効果については、120ページをご覧ください。

◆この章のまとめ◆

この章では、「かわいい」について、質的な説明をしました。「かわいい」という言葉はもともと感情を表す語でした。このことが「かわいい」とは何かを理解する重要な鍵となります。また、「かわいい」とcuteは違うこと、kawaiiという言葉は世界でそれほど知られていないことも紹介しました。次の章では、調査データに基づいて、「かわいい」をさらに深く見てみましょう。

コラム１

実験心理学で分かること

本書では、実験心理学という視点から「かわいい」について検討します。ところで、心理学でいう「実験」とは何でしょうか。実験室で行うから実験なのではありません。ある働きかけ（実験操作）を行ったときに生じる心の変化をデータとして測定し、「こういうときはこうなる」という因果関係を明らかにするのが、心理学実験の目的です。これに対し、実験操作を行わずにデータを測定することを「調査」といいます。第二章で述べるのはその例です。現状を記述することはできますが、原因と結果の関係は分かりません。

心理学実験に参加する人のことを、「被験者（subject）」と呼んだ時代もありますが、今では「実験参加者（participant）」と呼ぶのがふつうです。実験に参加する人は、その内容について事前に説明を受け、自分で納得したうえで参加します。その自主性を表すために、実験参加者と呼ぶのです。被験者と言うと、「被害者」のように、本人の意思によらずその場に置かれた感じがします。

実験で大切なのは、比較する対象を設けることです。例えば、音楽を聞くと作業がはかどるということを示したいなら、音楽を聞く条件と聞かない条件を作ります。「条件」というのは聞きなれない言葉かもしれませんが、特定の事柄が満たされた場面や状況を指します。自分が調べたい要因を含む状況を「実験条件」、含まない状況を「統制条件」と呼びます。人によって参加する条件が異なるときは、それぞれ「実験群」「統制群」と呼ぶこともあります。作業中に音楽を聞く条件（群）と音楽を聞かない条件（群）で作業成績の違いを調べます。

しかし、能力や性格は一人ひとり違います、音楽を聞いても聞かなくても、成績の良い人は良いでしょうし、悪い人は悪いでしょう。このような個人差があると、確かなことは何一つ言えない気もします。実験心理学には、この問題を解決するための切り札があります。それは「無作為割り当て」と「大数の法則」です。

「無作為割り当て」というのは、たくさんの実験参加者を二つの条件（群）にランダムに割り当てることです。成績が良さそう人は音楽を聞く群に入れようとか、気難しそうな人は音楽を聞かない群に入れようとかしてはいけません。事前に作ったルールに従い、機械的に割り当てます。もし実験操作に効果がなければ、各条件に参加した人たちの成績は、平均すれば同じになるはずです。もともと成績が良い人や悪い人がいても、どちらの群に入るかはランダムに決まるからです。

それでも、偶然に偏ってしまう可能性は残ります。この偶然だけはどうしても防ぐことができません。そこで出てくるのが「大数の法則」です。個々のデータは偶然でばらばらであっても、たくさん集めて平均すれば、一定の値に収束していくという法則です。具体的には、統計学（推測統計）の方法を使って、どのくらいが偶然の範囲なのかを確率的に示します。実験心理学を学ぶときに統計学が必須なのはそのためです。柔らかい心と硬い数式は相容れないように感じますが、あいまいなものを扱うからこそ、しっかりとした手法が必要なのです。

ところで、統計学や調査法を学んだことのある人は、「無作為抽出（ランダムサンプリング）」という言葉を聞いたことがあるかもしれません。調査の対象者をランダムに選ばなければ、得られた結果を一般化することができないという原理です。しかし、実験法では、無作為割り当てさえ守れば、無作為抽出は必須ではありません。得られた結果を一般化できる範囲は狭くなりますが、実験操作の効果があるかないかという問いにはきちんと答えられるのです。

人間は複雑だから法則なんてないと言う人がときどきいます。確かに、実験心理学で明らかになる法則は、力学における運動や化学反応のように、毎回確認できる法則ではありません。心理学の法則は、個人に当てはまるものではなく、集団の平均値に当てはまるものです。正しい方法で繰り返し再現された現象であれば、たとえそれが今のあなたには当てはまらなくても、あなたを含む集団の平均値には当てはまるのです。同じことを別の角度から次のように言うこともできます。どんな心理学の法則があったとしても、あなたには集団の平均値と同じように行動しない自由（権利）があります。このことは、実験心理学の知識を日常生活に生かすうえで大切な視点ですから、忘れないでおきましょう。

第二章
数字で見る「かわいい」

使用頻度

さて、「かわいい」という言葉はどのくらい世の中で使われているのでしょうか。インターネットが今ほど普及していない時代には、単語の使用頻度を調べるのは大変な作業でした。日本語については、NTTコミュニケーション科学基礎研究所が『日本語の語彙特性』というデータベース集を作成しており、そこに含まれる「単語頻度データベース」がよく使われていました。一九八五年から九八年までの一四年間に、朝日新聞東京本社から発行された朝刊および夕刊の記事（投書欄や連載小説、テレビ・ラジオ番組欄、広告などは除く）を対象とし、コンピュータプログラムを用いて自動的に単語の出現回数を数えたものです。このデータベースに基づき、「かわいい」とそれに類似した「美しい」「きれい」の使用頻度を調べたのが図2－1です。

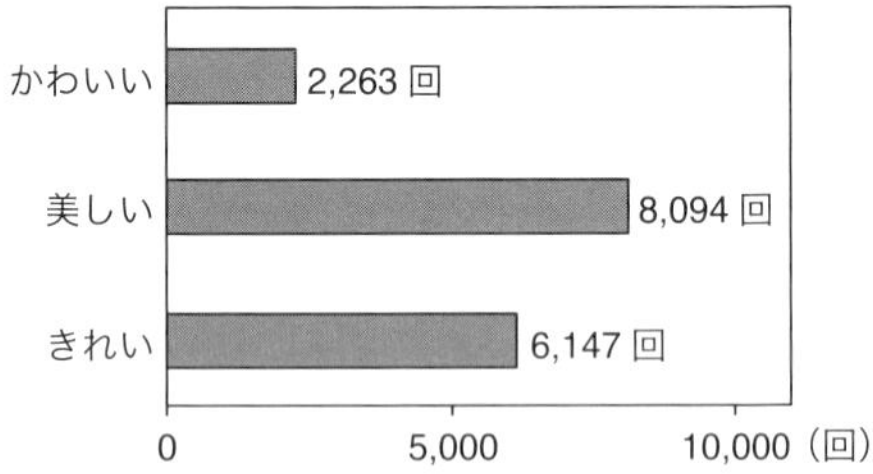

図 2-1　「かわいい」という語の使用頻度（1985〜98 年）
NTT データベースシリーズ『日本語の語彙特性』（第 7 巻）による。

「かわいい」という語の出現回数は「美しい」や「きれい」に比べてずっと少ないことが分かります。表記別に見ると、ひらがなの「かわいい」（一八六四回）は、漢字の「可愛い」（三九九回）より四倍以上多く使われていました。類語の「かわいらしい／可愛らしい」（三二六回）はそれほど多く使われていませんでした。

現在では、インターネットを通じて検索できるデータベースが整備されています。朝日新聞の記事データベース「聞蔵Ⅱ」で、一九八五年から二〇一八年までの記事を検索してみます。今度は、単語の出現回数ではなく、記事の件数です。図２‐２にその結果を示します。過去五年間（二〇一四年以降）とそれ以前に分けて表示しています。やはり、「かわいい」は「美しい」や「きれい」よりもマイナーだと言えます。直近の五年間に限っても同じことが言えます。同じ条件で、日経各紙（日本経済新聞、日経産業新聞等）の記事データベース「日経テレコン21」を調べても、似たような結果が得られました。ビジネス向けだからでしょうか、「かわいい」が出てくる記事の頻度はさらに低くなっています。

表記別に見ると、朝日新聞では、ひらがなの「かわいい」（二万二六四五件）が最も多く、次

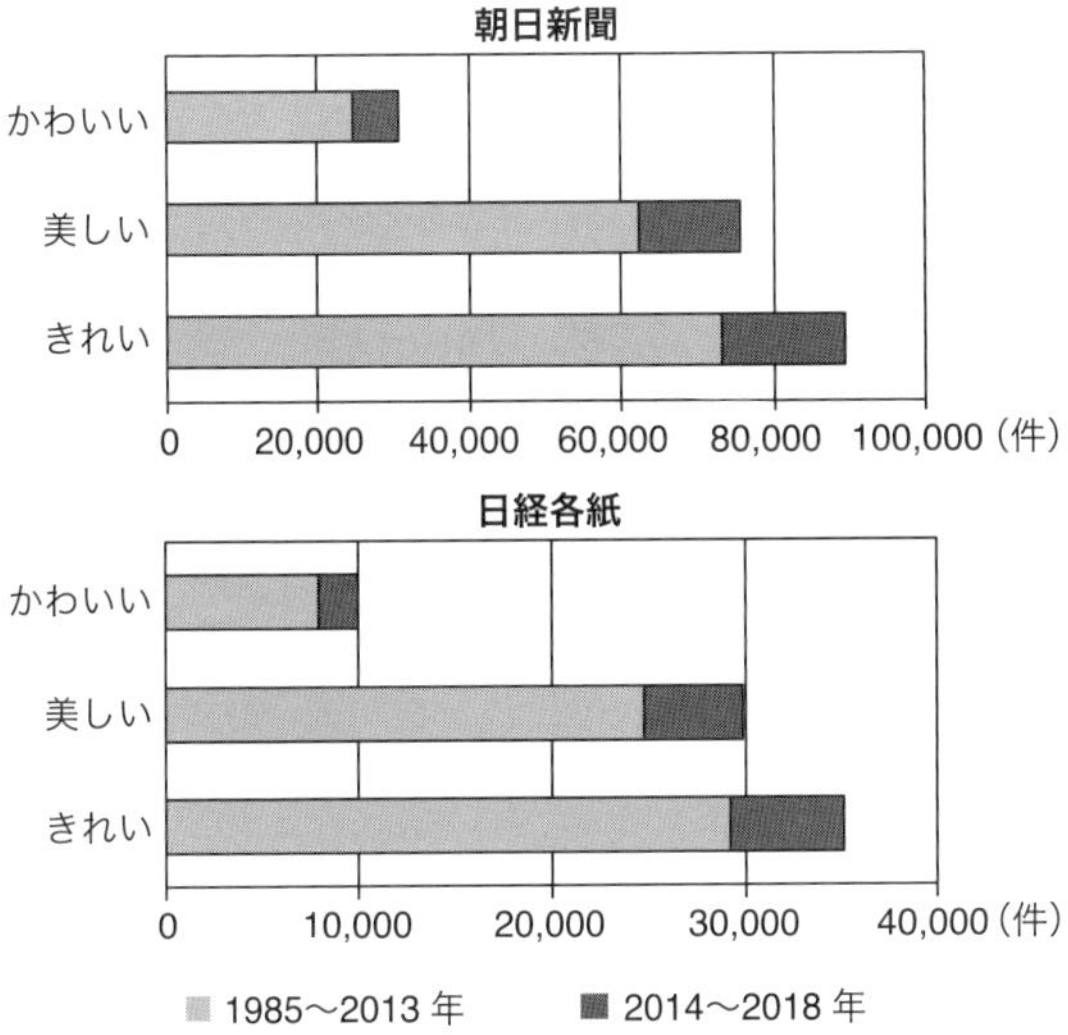

図 2-2　「かわいい」という語が使われた記事の件数

朝日新聞記事データベース「聞蔵Ⅱ」1985 年 1 月 1 日〜2018 年 12 月 31 日。見出しと本文、朝刊・夕刊、本紙・地域面、すべての発行社。かわいい（カワイイ、可愛いを含む）、美しい（ウツクシイ、うつくしいを含む）、きれい（キレイ、綺麗、奇麗を含む）。日経各紙（日本経済新聞朝刊・夕刊、日経産業新聞、日経 MJ（流通新聞）、日経金融新聞、日経地方経済面、日経プラスワン、日経マガジン）を収録した「日経テレコン 21」でも同じ条件で検索した。

に「可愛い」（七五一六件）、最後が「カワイイ」（九四一件）でした（一九八五〜二〇一八年の合計、一つの記事に複数の表記が含まれていれば二重に数えます）。日経各紙では、「かわいい」（九一二五件）が圧倒的に多く、次が「カワイイ」（六一三件）、「可愛い」（三二一件）の順でした。新聞社によって順序は違いますが、ひらがなの「かわいい」が最も一般的なのは共通しています。

以上の結果をまとめると、公の書き言葉としては、「かわいい」よりも「美しい」や「きれい」の方が圧倒的に多く使われ

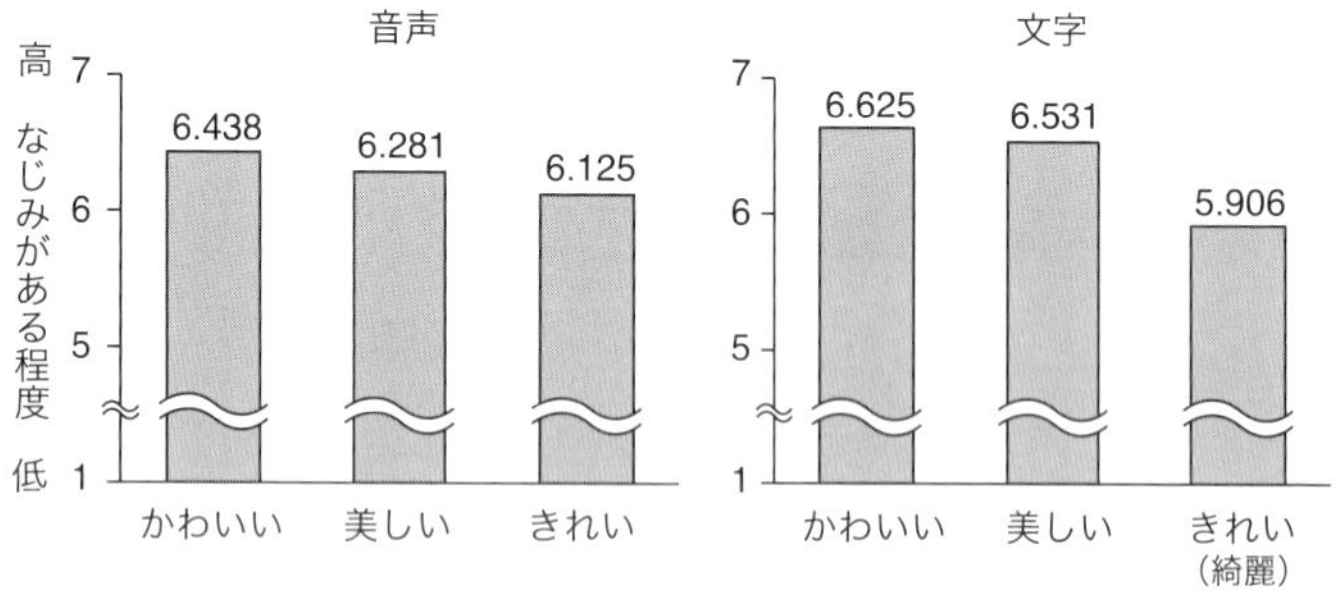

図 2-3　「かわいい」という語の親密度

NTT データベースシリーズ『日本語の語彙特性』（第 1 巻）による。

ており、それは現在も変わらないことが分かります。

親密度

『日本語の語彙特性』には、単語親密度のデータベースもあります。これは一九九五〜九七年に約三〇名の男女（一八〜二九歳）を対象に、音声または文字で提示された約七万語に対して、なじみがあると感じる程度を一点（低）から七点（高）で評価してもらったものです。その結果を図2-3に示しています。今度は、「かわいい」が、音声で聞いたときにも文字として見たときにも、最も得点が高いことが分かります。つまり、「かわいい」という言葉は、新聞のような公の媒体には登場しませんが、日々の生活の中ではきわめてなじみ深い、私的な言葉であると言えます。

インターネット検索数

最後に、「かわいい」や「cute」というキーワードがインターネット上で検索された回数を見てみましょう。グーグル

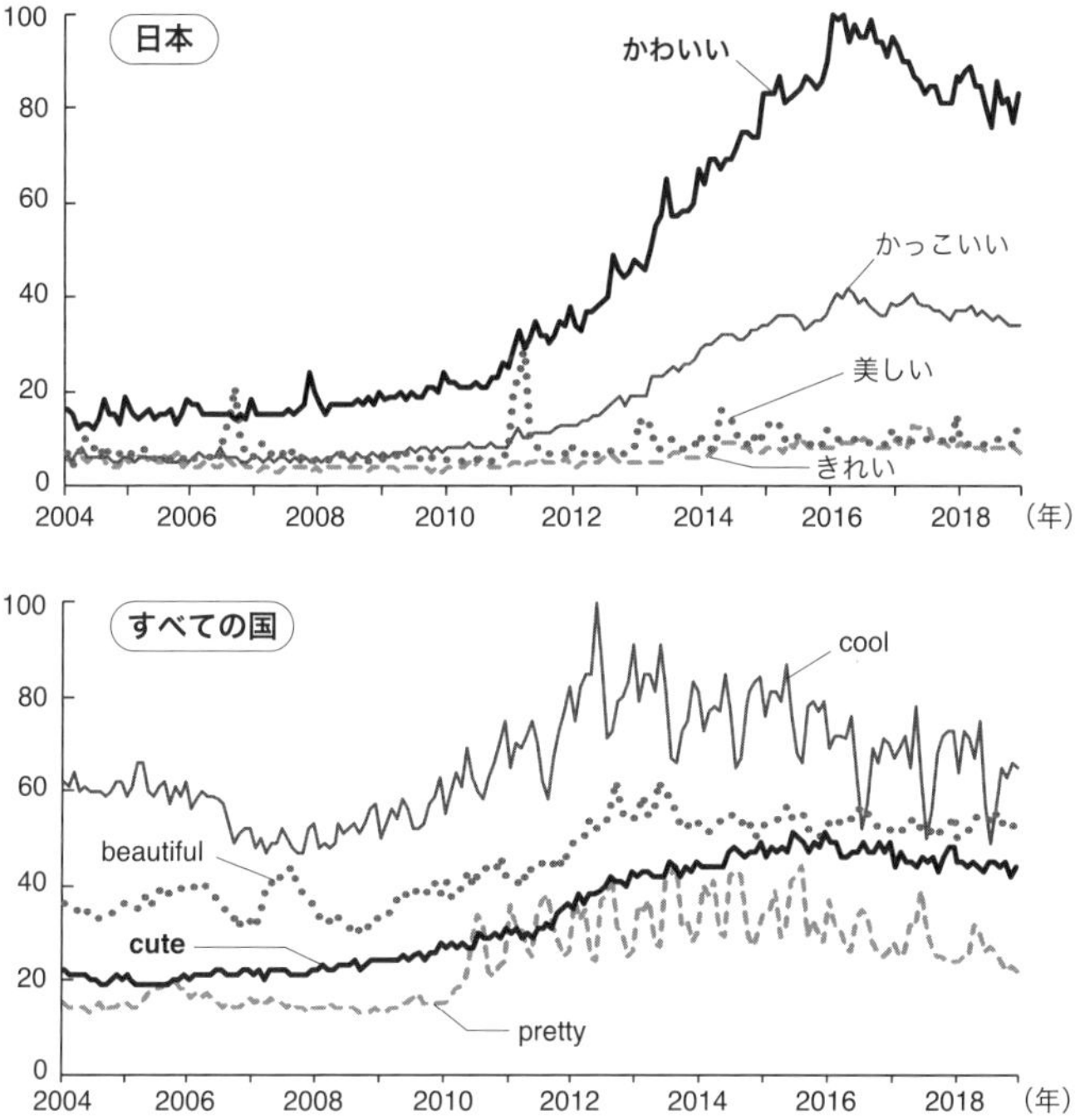

図 2-4　ネットで検索された「かわいい」と「cute」

2004年1月1日～2018年12月31日。人気度（検索インタレスト）最大値を100としたときの相対値。

（Google）トレンドで調べた結果を図2－4に示しています。日本で検索されたのは「かわいい」が圧倒的に多いことが分かります。「かっこいい」「美しい」「きれい」にくらべて、その差は歴然としています。

一方、世界で検索されたキーワードを見ると、cool（かっこいい）が最も高く、次がbeautiful（美しい）になっています。cuteはその次ですが、他の語よりも伸び率が高く、二〇〇四年時点に比べて二〇一三年以降は二倍以上になっています。

これらの結果は、日本の特殊性を表しているとともに、世界でもcuteに対する関心が高まっていることを示しています。今後どのように変化していくか、注目しておきましょう。

「かわいい」という語のイメージ

辞書を調べれば、語の意味はおよそ分かります。しかし、他の語とくらべたときの微妙なニュアンスの違いは捉えにくいものです。これに対する一つの方法は、それぞれの語が持っているイメージを、いくつかの形容詞を用いて尋ねてみることです。心理学では、「セマンティック・ディファレンシャル（SD：Semantic Differential）法」というのがよく使われます。

図2－5Aは、日本の大学生に尋ねた「かわいい」「きれい」「かっこいい」に対するイメージを示したものです。少し複雑な図ですが、それぞれの語が一本の線に対応しており、一三の質問項目に対する平均値をつないでいます。全体として、「かわいい」は、「きれい」や「かっこいい」にくらべて、頼りない、弱い、小さい、緩んだ、遅い、軽いといった印象が強いことが分かります。

同じようなアンケートを使って、「かわいい」「かわいらしい」「かわいそう」の違いを示したのが図2－5Bです。「かわいい」と「かわいらしい」はほとんど同じですが、「かわいらしい」は頼りなく弱い点、「かわいい」は軽くて興味があり騒がしくて身近である点が強調されてい

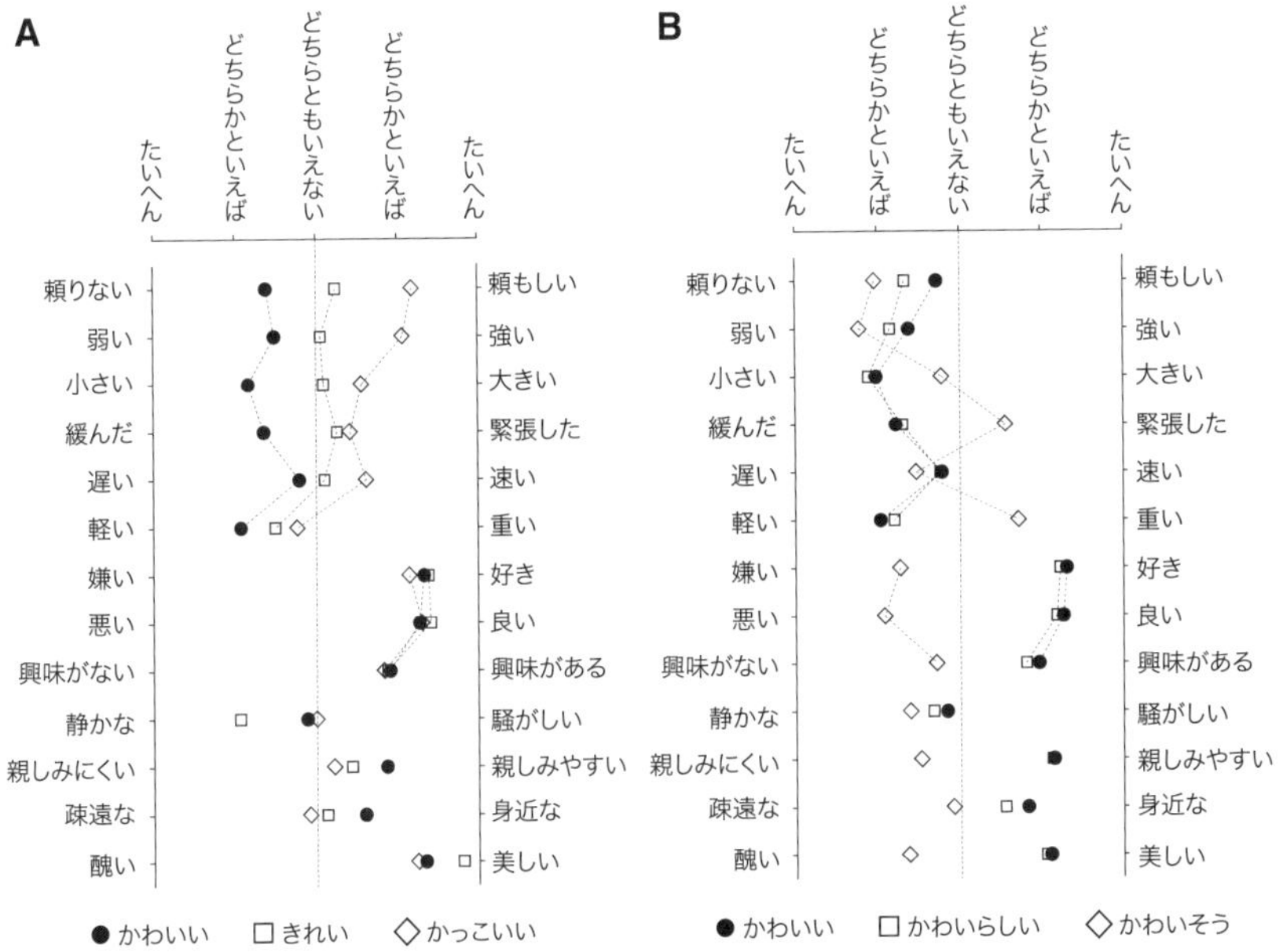

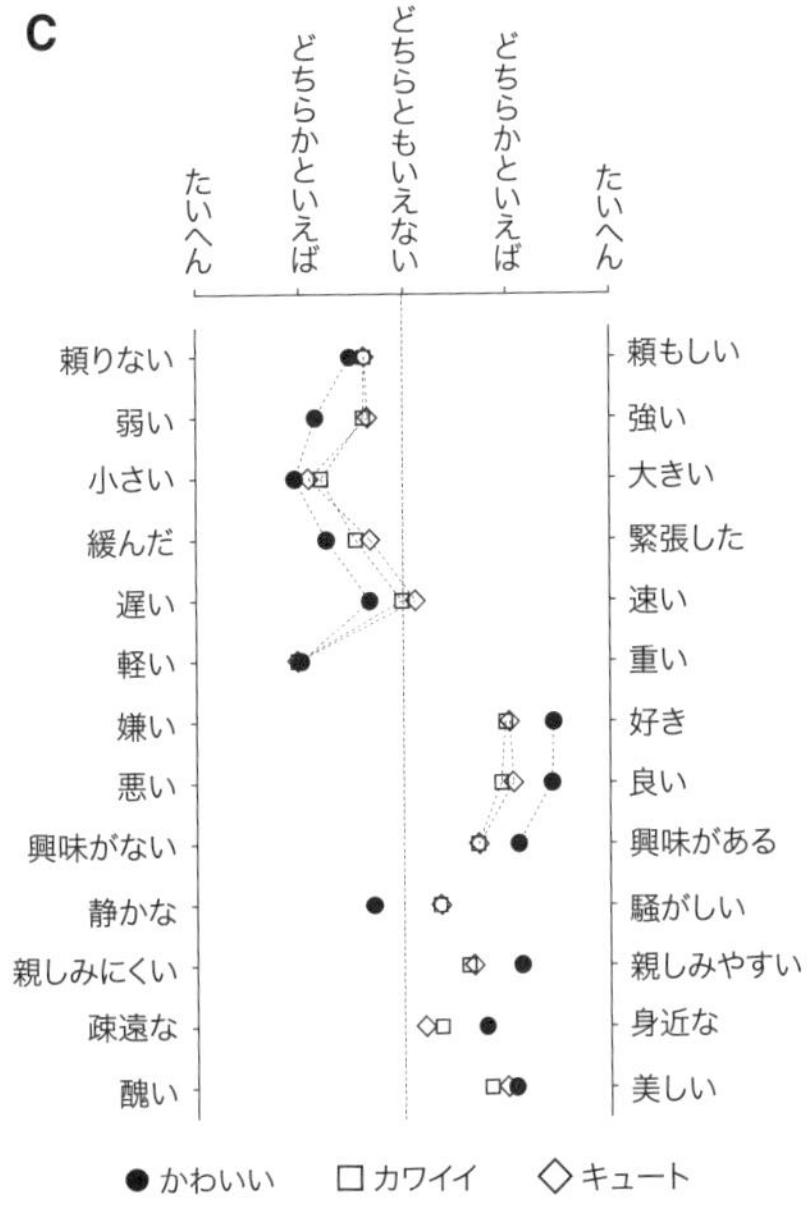

図 2-5 「かわいい」とその類語に対するイメージの違い

A. 2008 年 7 月に 169 名の大学生が回答した。入戸野（2009）より作成。

B. 2009 年 11 月に 101 名の大学生が回答した。入戸野（2011）より作成。

C. 2011 年 7 月に 288 名の大学生が回答した。Nittono（2016）より作成。

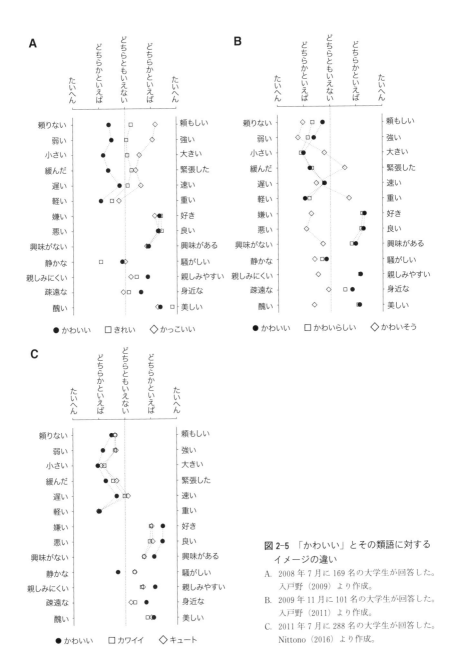

ます。これに対して、「かわいそう」はまったく異なり、嫌い、悪いといったマイナスのイメージを持っていることが分かります。

もう一つ、ひらがなで書く「かわいい」、カタカナで書く「カワイイ」、英語cuteの読み「キュート」の違いを図2-5Cに示します。どの言葉のイメージもよく似ています。特に、カタカナの「カワイイ」は「キュート」とよく似ています。外来語のように見えるからでしょう。ひらがなの「かわいい」の方が、全体として良いイメージ（緩んだ、好き、良い、興味がある、親しみやすい、身近な）があるようです。

先ほどの結果と合わせると、「カワイイ」「かわいい」「かわいらしい」という三つの語には、元気のよさ（強さ、騒がしさ）の違いがあります。カタカナの「カワイイ」は、外来語のようで珍しく目を引きますが、親しみにくく身近でないと感じる人もいます。ひらがなの「かわいい」は、より広い人々に受け入れられる無難な表現です。「かわいらしい」は、弱さが強調されており、「かわいい」よりもポジティブな評価がやや低い（身近に感じない、興味が低い）と言えます。

これらの調査結果を踏まえて、私の研究では、ひらがなの「かわいい」を一貫して使うようにしています。言葉を使ううえでも、このようなイメージの違いを意識することは、こちらの意図を相手に正しく伝えるのに役立つでしょう。

さて、このような調査を行ってから一〇年ほどが経ちました。本書を執筆するにあたり、少し異なる項目を用いて、改めてインターネット調査を行いました。[7] 図2-6に、「かわいい」「きれい」「かっこいい」に対するイメージを示しています。好き嫌い、良い悪いについては前回の調査にも含まれています。三語とも、好き、良いという評価になっています。「きれい」が最も好き、良いというのは、前回の調査と同じです。

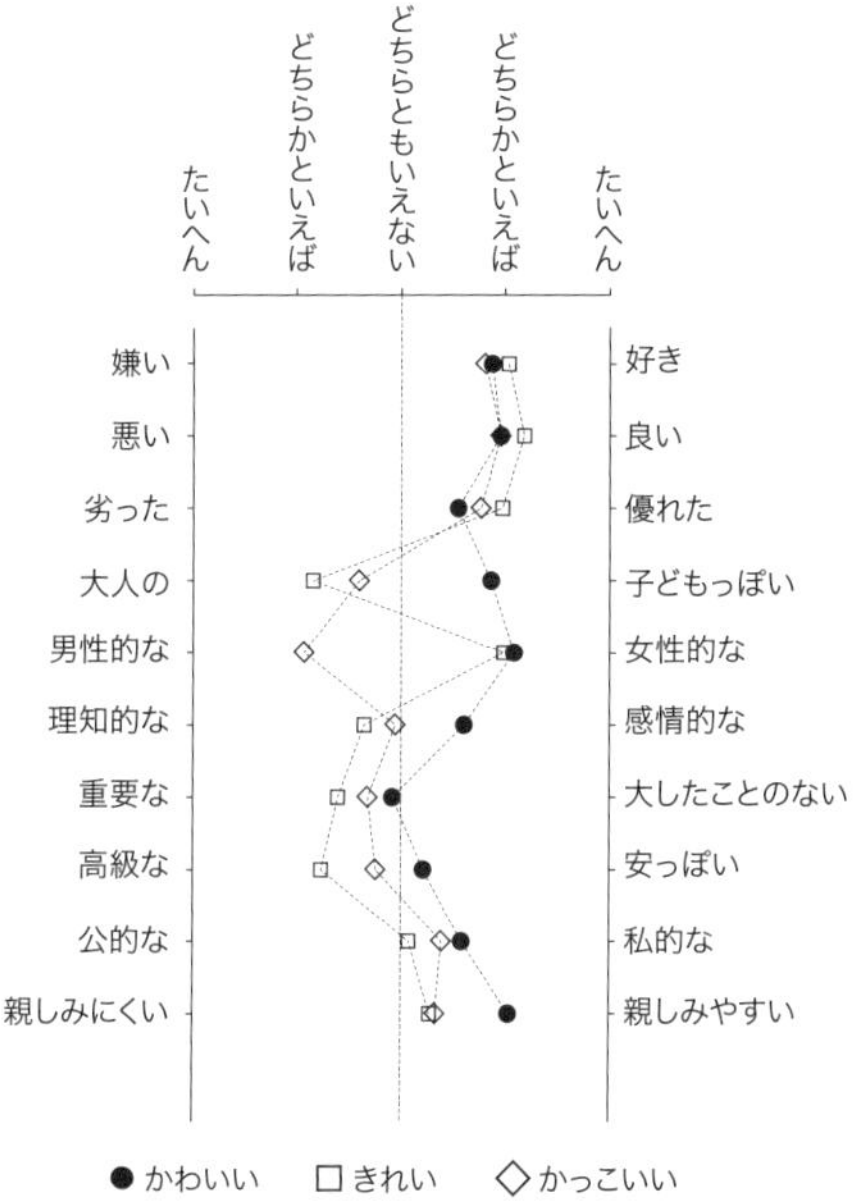

図 2-6　「かわいい」「きれい」「かっこいい」に対するイメージの違い
2018 年 7 月に 20 代から 60 代までの 5 つの年代の男女各 100 名、計 1000 名にインターネット調査を行った。

グラフから「かわいい」の特徴を拾ってみましょう。「きれい」「かっこいい」と比べて、「かわいい」には、子どもっぽい、感情的な、私的な、親しみやすいといった特徴があります。また、「かっこいい」は男性的、「かわいい」と「きれい」は女性的と評価されていることが分かります。劣った、

7　データは https://osf.io/9fh7j/ で公開しています。

大したことのない、安っぽいという項目は、「かわいい」で最も得点が高いですが、絶対値としては高くなく、悪いイメージはないと言えます。

「かわいい」が私的であるのは、先ほどの使用頻度と親密度の調査結果と一致しています。子どもっぽい、感情的な、親しみやすいという項目は「かわいい」を特徴づける形容詞です。「かわいい」には子どもっぽいイメージがありますが、「大人かわいい」という表現があるように、子どもだけのものではありません。かわいさと幼さの関係については第四章で詳しく解説します。また、「かわいい」が感情的で親しみやすいという点については第五章で述べます。

ネット調査には欠点もあります。回答者が真剣に答えてくれているという保証はありません。また、サンプルサイズが小さいので、この結果が正しいとはかぎりません。しかし、自分でデータを取って考えることは、実証科学では欠かせない作業です。同種の調査をイスラエルとアメリカ合衆国でも行っています。その結果についても今後発表していく予定です。

「かわいい」に対する行動と意識

研究を始めた当初、「かわいい」がどのように人々に受け入れられているかを調べるために、小規模なアンケートを行いました。調査対象者は、男女大学生、社会人男性、女子高校生です。図2－7にその結果を示します。上の方の項目は、得点が高い（右に行く）ほど、かわいいに対して肯定的な態度を持っていることを示しています。四本の線が二本ずつに分かれて見え

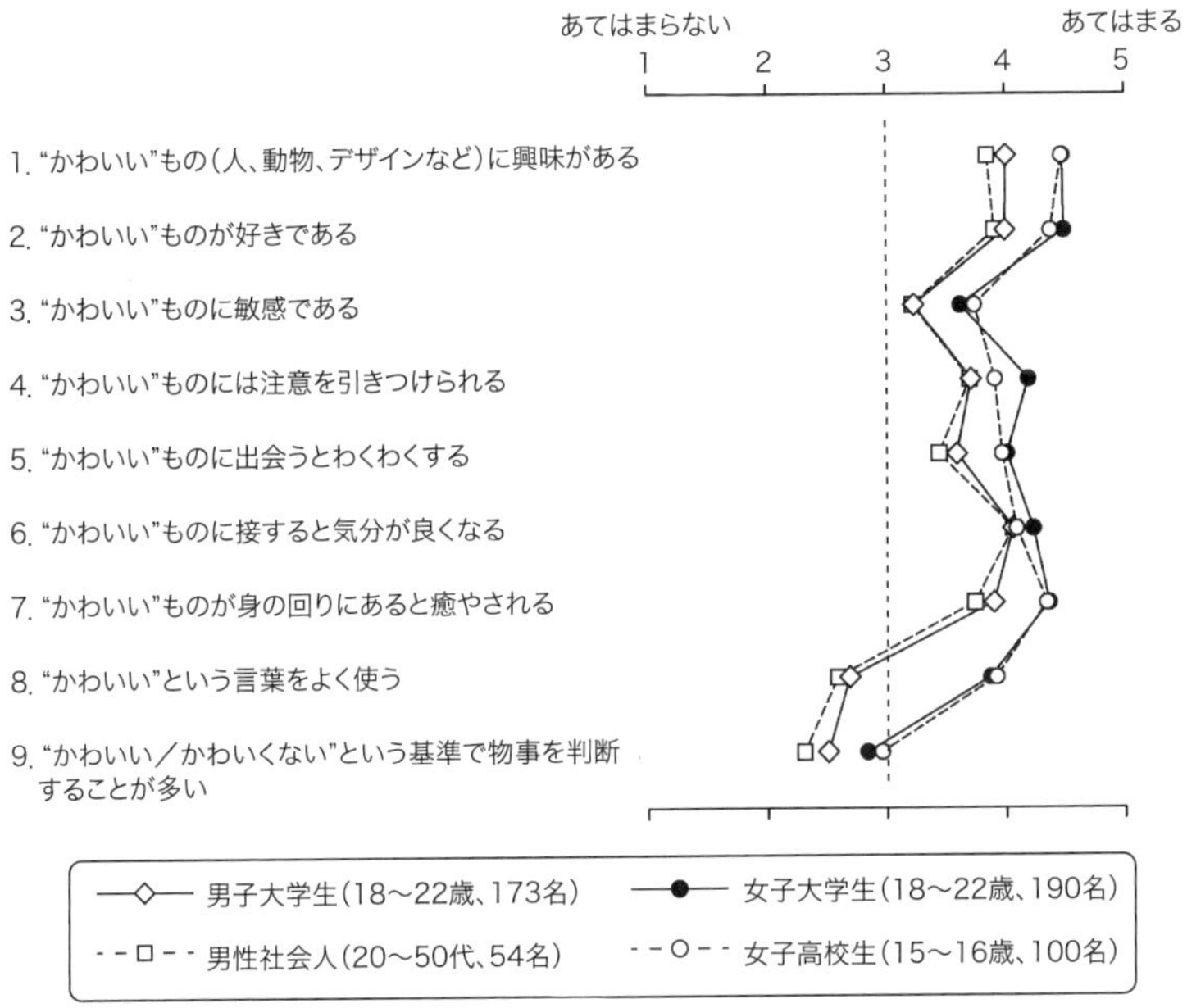

図 2-7 「かわいい」に対する意識と行動のアンケート

大学生（2009年1月と4月）、社会人男性（2009年12月）、女子高校生（2014年11月）に回答してもらった。Nittono（2016）より作成。

ますが、これは男女の差です。全体的に女性で平均値が高くなっています。しかし、男性も否定的ではなく、中央からやや右寄りに平均値が来ていることが分かります。男性であっても、かわいいものが嫌いではないし、それに接すると気分が良くなると思っています。男女の差が最も大きかったのは、「『かわいい』という言葉をよく使う」という質問に対する答えでした。女性の平均値は中央から右寄りで「よく使う」と答えている一方、男性の平均値は中央から左寄りで「あまり使わない」と答えていることが分かります。しかし、「かわいい」という言葉を使わないからといって、「かわいい」が嫌いなわけではありません。男性と女性では表出の仕方が違うのです。

もう一つ意外だったのは、「かわいい／かわいくないという基準で物事を判断することが多い」という項目に対する回答です。文化論や社会現象として「かわいい」に注目した本では、「かわいい」が若い女性の判断基準になっているという記述が見られました。確かにそういう人もいるかもしれませんが、平均的には「かわいい」は判断基準と見なされていません。これは「かわいい」が私的な概念であると述べたこととも整合します。

性別と年齢による違い

同じ質問に対して、先ほどの新しいネット調査でも回答を求めました。図2－8に結果を示します。今度は一点から五点ではなく、一点（まったく当てはまらない）から六点（非常によく当てはまる）で答えてもらったので、中央の値が変わっています。また、質問の最後に「かわいいものにはネガティブな（悪い）側面があると思う」という項目を追加しました。第一章で述べたように、英語のcuteには「ずるがしこい」「狡猾な」といった悪いイメージがあると指摘する人や、その影響を受けて日本の「かわいい」文化にも否定的な印象を持つ外国人研究者がいるために追加しました。

一〇年近く経過して、まったく別の方法で回答を求めたにもかかわらず、グラフの基本的な

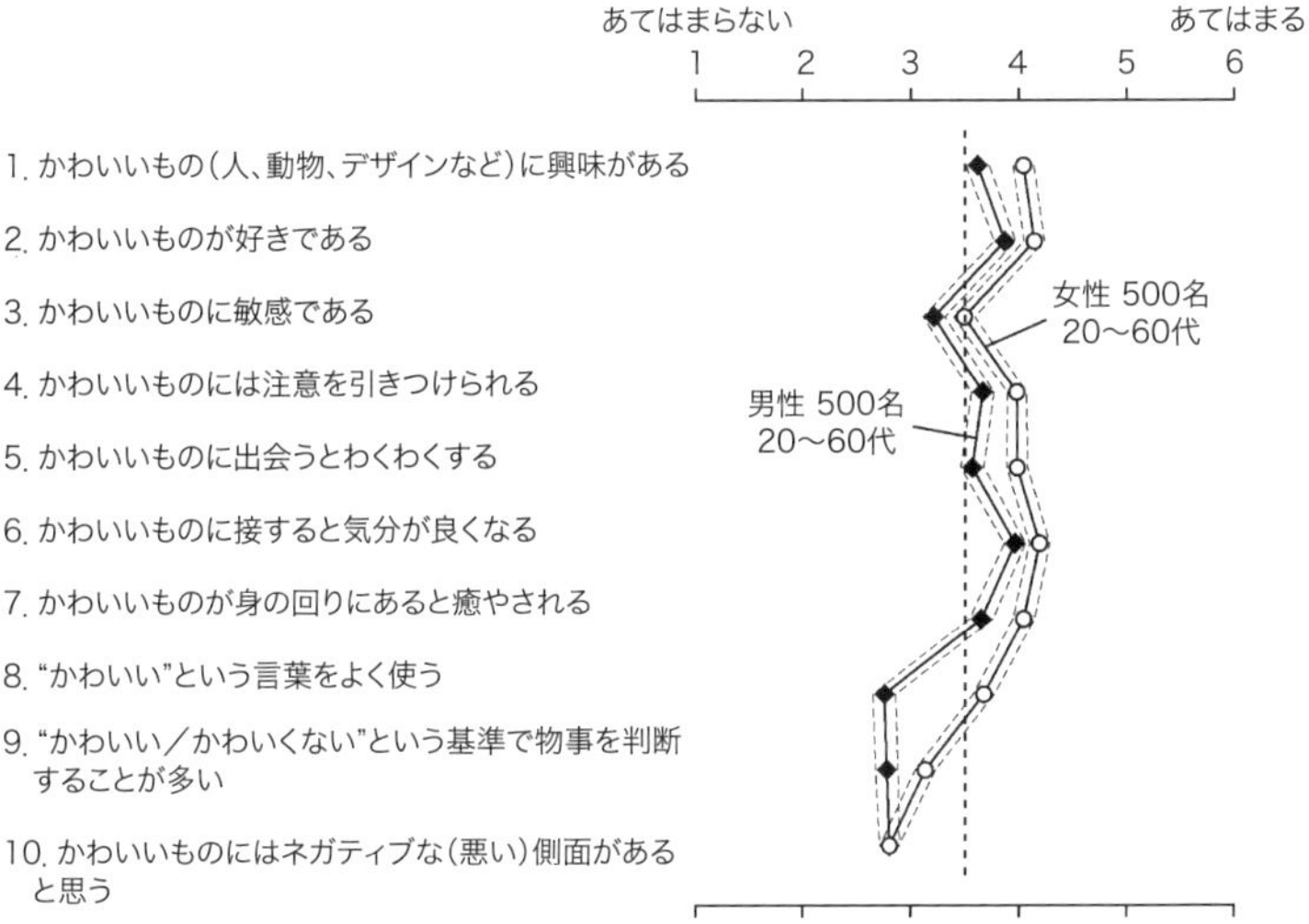

図 2-8　「かわいい」に対する意識と行動についてのインターネット調査
2018年7月に20代から60代までの5つの年代の男女各100名、計1000名にインターネット調査を行った。幅は95%信頼区間を示す。

形は似ていました。女性の平均値が男性の平均値よりも右側にあり得点が高いこと、男性であってもかわいいものが嫌いではないし、気分が良くなると感じていること、最も大きな性差は「かわいい」という言葉の使用頻度にあること、「かわいい／かわいくない」は判断基準になっていないといった点です。

　次に、年齢による差を見てみましょう。性差が認められた最初の九つの質問に対する平均値を求め、男女別、年代別に集計した結果を、図2-9に示します。女性は二〇歳代で最も「かわいい」に対する態度が肯定的で、年齢につれて下がっていきます。他方、男性の態度は年代によって大きく変わり

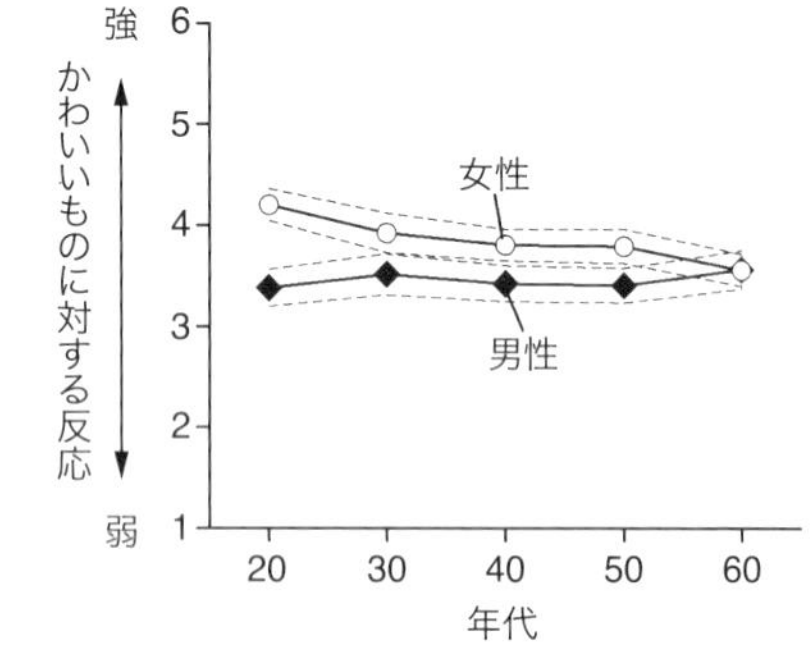

図 2-9　かわいいものに対する反応の性差と年齢差
2018 年 7 月のインターネット調査。5 つの年代の男女各 100 名の平均値。幅は 95%信頼区間を示す。

ません。この結果は、「かわいい」文化の担い手が若い女性であるという常識と一致します。男性はどの年代も可もなく不可もないというところでしょうか。六〇代になると性差がなくなるのも、興味深い知見です。

　このような調査において年齢による差が見られた場合、二つの原因が考えられます。一つは生物学的な年齢による効果です。「かわいさ」に対する感度が年配の女性で低下する可能性については、性ホルモンの影響を第三章で紹介します（72ページ）。もう一つはその世代が育った時代背景による効果（コホート効果）です。調査を実施した二〇一八年に六〇代の女性は、キャラクターグッズ（ファンシーグッズ）が普及しはじめた一九七〇年代半ばには二〇歳前後でした。そのため、「かわいい」文化に対してはややなじみが薄いのかもしれません。

　私が調査を行うのはヒントを得るためで、結果の数値そのものはあまり重視しません。信頼できる調査をするには、回答者は無作為に抽出する、回答者の人数を理論に基づいて計算する、といった所定の手続きを踏む必要があります。ここで紹介した調査はそのいずれも満たしていません。だから、今回の数値だけを独り歩きさせるのは危険です。仮に、上述の条件が満たされていたとしても、アンケート調査ではいろいろな歪みが生じます。回答者が本心を語っていない場合や、そもそも本心に気づいていない場合もあるからです。ここで紹介した調査結果は、現状をざっくりと知るためのものとお考えください。

◆この章のまとめ◆

この章では、調査データに基づいて、「かわいい」に対するイメージや態度について見てきました。単語の意味は辞書を調べれば分かりますが、調査をすることで細かいニュアンスの違いを確認できます。また、かわいいものに対する態度は、性別や年齢によって異なることも示されました。かわいいものに敏感で関心が高いのは若い女性なのですが、それ以外の人も全体としては悪いイメージを持っていないことが分かりました。しかし、調査というのは、直感を裏づけるものであって、本質的に新しい見方を提供してくれるものではありません。次の章では、「かわいい」に関する科学がどのようにして始まったかを見てみましょう。

コラム2

心を眺める三つの視点

心理学の実験は、原因と結果の関係を明らかにするために行います。ここでは、結果として測定される心のデータについて考えてみましょう。心そのものは目に見えませんが、私たちはそれがあると感じています。私たちが「心がある」と感じるのは、自分自身がそういう体験をし、周囲の人と共通の認識を持っているからです。しかし、それが私たちの内部に留まっているうちはデータとは呼べません。外に表れてはじめて利用可能なデータとなります。

人間に関するデータには、主観・行動・生理という三種類があります。それぞれに一長一短があり、扱う現象のレベルが違うので、どれが最も優れているとは言えません。

主観データは、質問紙やインタビューによって得られるもので、その人が意識している世界を言葉や数値で表現してもらったものです。「私」が感じる心の側面を表しています。主観データはさまざまな要因によって歪むことが知られています。質問者によく思われようと答えを変えたり、面倒くさくなって手抜きしたりといった例が挙げられます。そうであっても、本人がどう感じているかを直接尋ねることは、心を理解するときの重要なヒントになります。

行動データは、その人の運動機能を通じて表現されるものです。実験室実験におけるボタン押しのような特殊な行動もありますし、インターネットでどのページを見た、コンビニで何と

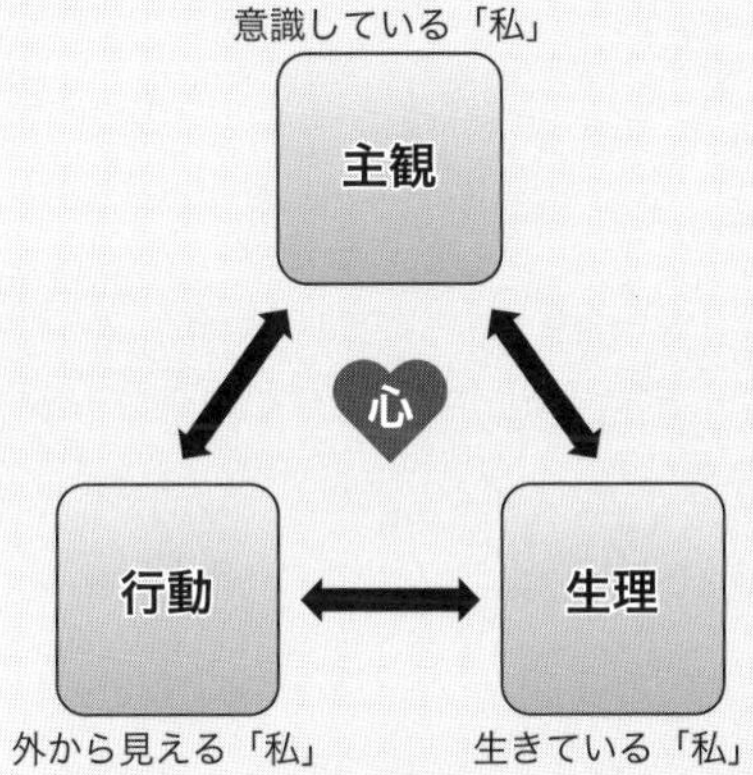

図 2-10　心理生理学のアプローチ

何を一緒に買ったというような行動もあります。外から見える心の側面を表しています。言っていることとやっていることが一致しない例はよくありますから、行動データを集めることは大切です。

生理データは、脳を含む身体の生理学的な状態を測ったものです。脳神経の活動だけでなく、自律神経系や内分泌系といった身体状態のデータも含みます。生き物としての心の側面を表しています。生理データは最も客観的で科学的だと思われていますが、心を理解するうえでは一つの側面を表したものにすぎません。他のデータよりも測定に手間がかかり、心理学の概念と直接対応づけにくいという難しさがあります。

このように質の異なる三種類のデータに基づいて、心に迫っていくのが心理生理学（psychophysiology）のアプローチです。人間の心（psycho）と身体・脳（physio）との関係を扱う学問（-logy）です。図2-10にそのイメージを示しました。

実験心理学では、これまで主観と行動を対象にすることが主流でした。しかし、そこに生理学・生物学的側面を追加することは大切です。個人の意識や意図にかかわらず、進化の一部として存在している「私」がいるという視点は、新しい気づきを生み出してくれるからです。本書では、これら三種類の心のデータに基づいて、「かわいい」を検討していきます。

第三章
ベビースキーマ

動物行動学者の洞察

「かわいい」が心理学の文献に登場するのは、一九四三年のことです。ドイツ語で書かれた長い論文の一部に、人間がかわいいと感じる見た目の特徴があることが、イラストつきで記述されました。著者はオーストリア生まれの動物行動学者コンラート・ローレンツ。当時三九歳で、ドイツのケーニヒスベルク大学の比較心理学の教授でした。

図3-1にその図を示します。左列に描かれた動物の絵は、右列の絵に比べて、より幼くかわいいと感じられます。なぜでしょうか。ローレンツはその理由として、「ベビースキーマ」という概念を提唱します。ドイツ語ではKindchenschemaと言います。Kindは子、chenは小さいものを表す接尾詞、schemaはスキーマ（図式）です。英語では、baby schemaやbabyishnessと呼ばれ、日本語では、ベビースキーマとか幼児図式とか言われます。原語の-chen（ヒェン）

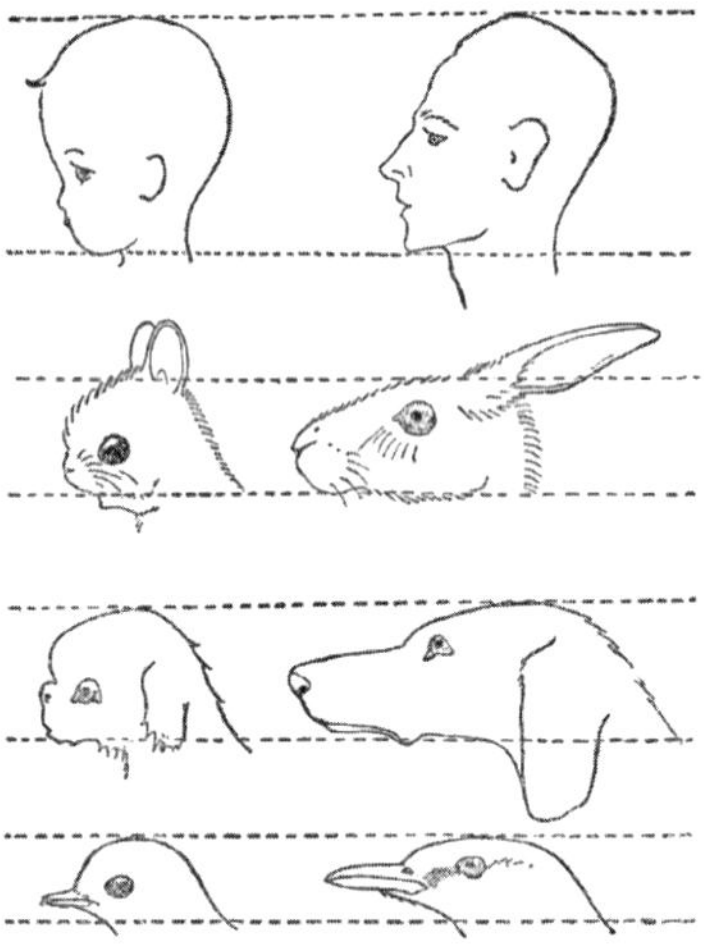

図 3-1　人間の養育反応を引き起こすと考えられてきた特徴（ベビースキーマ）

Lorenz (1943), p. 276 より。

は、日本語の「～ちゃん」に相当します。犬はHund、猫はKatzですが、子犬（ワンちゃん、ワンワン）はHündchen、子猫（ネコちゃん、ニャンニャン）はKätzchenになります。そのニュアンスを生かせば、「赤ちゃん図式」とするのが適訳かもしれません。

「スキーマ」というのは、本来は、ある物理的な特徴（刺激）に対して本能的に決まった行動パターンで反応する動物の仕組みを指しています。専門用語では「生得的解発メカニズム」といいます。ローレンツやオランダのニコラス・ティンバーゲンといった動物行動学者は、動物は、特定の刺激に対して特定の反応を示すことを、観察と実験によって発見しました。例えば、鳥のひなが親鳥から餌をもらうために口を開けるのは、親であると認識したからではありません。特定の模様（セグロカモメの場合、くちばしの先の赤い斑点）に対して、口を開けてつつくという行動パターンが自然と生じるのです。

さらに、一見すると複雑な行動も、要素に対する反応が足し合わされたものであると考えます。イトヨという魚のオスは、縄張りから他のオスを追い出します。擬人的に言えば「仲間の他のオスがやってきたら攻撃して追い出す」ということになりますが、実際は、相手が魚でなくてもこの反応は生じます。魚の形をしていなくても下側が赤いという物体の要素に対して攻撃が起こります。イトヨのオスは成熟すると腹が赤い色に染まります。それを手がかりとして、特定の行動が出現するのです。このような特定の行動を出現させる特徴のことを、「解発刺激（鍵刺激、リリーサー）」と呼びます。

ローレンツが、ベビースキーマの概念を記述したのは、そのようなメカニズムが人間にもあることを示すためでした。図3-1に示したような特徴に対して、人間は本能的に「かわいい」と感じ、近寄って手を差しのべ抱きしめる行動をとるとローレンツは書いています。ここでの「かわいい」に相当するドイツ語の形容詞は niedlich や süß です。特に、南ドイツの言葉である herzig という表現がぴったりだと書いています。herz はハート（心臓）のことですから、心が温かくなる、抱きしめたくなるほど愛くるしいといった意味です（このドイツ語は、現在ではほとんど使われないようです）。ローレンツは、自分の長女や次女が一歳から一歳半のときに、人形や毛糸玉に駆けよって抱きしめたと書いています。特別な経験なしにこのような反応が生じたのだから、これは本能行動だというわけです。

最近の研究者の中には、図3-1に示した見た目の特徴そのものをベビースキーマと呼ぶ人がいます。本来は誤用ですが、英語の schema は「図解」という意味でも使われることから、その使用法が広まったのかもしれません。実験心理学の研究を行うときには、刺激そのものに名前がついていた方が便利です。例えば、かわいいと感じられる特徴を強調した顔を作ったとき、本来の語義では「人間が持つベビースキーマを作動させる特徴（ベビースキーマの解発刺激）」を増やしたと書きますが、これを単に「ベビースキーマ」を増やしたと書けます。本書でも、ベビースキーマとは、本来は見る側の反応の仕組みを表す言葉であると知っていただいたうえで、幼いかわいさを感じさせる見た目の特徴を「ベビースキーマ」と呼ぶことにします。

もう一度、図3－1を見てみましょう。一番上のヒトを除くと、左右の図は別種の動物です。上から二段目はトビネズミとノウサギ、三段目はペキニーズと猟犬、一番下がコマドリとコウライウグイスです。この図をぱっと見ると、幼い動物とおとなの動物を描いているようですが、本当は人間がかわいいと感じる特徴を示したものなのです。

さて、この図は有名ですが、どのように発見されたかは、心理学を学んだ人でもあまり知りません。ベビースキーマという名前から、赤ちゃんの特徴を計測したものだと思う人がいるかもしれません。でも本当は、ローレンツが自分で「かわいい」と感じる特徴を内省によって列記しただけなのです。科学らしくないので、ちょっと拍子抜けします。

ローレンツは、かわいいと感じる見た目の特徴として、以下のようなものを挙げています。①ずんぐりした大きな頭、②顔に比べて大きく前に張り出した額・頭蓋骨、③顔の中央よりやや下に位置する大きな眼、④短くてふとい四肢、⑤全体に丸みをおびた体型、⑥やわらかい体表面、⑦丸みを持つぽっちゃりした頬。なかでも、ローレンツはぽっちゃりした頬を強調していて、それがないとかわいさが大きく損なわれると書いています。その後一九五〇年の論文『動物および人間の社会における全体と部分』では、「不器用な運動様式（ぎこちない動き）」というのが付け加えられています。思いつきとはいえ、このリストは的確で、納得できる特徴が集められています。動物の行動を熱心に観察してきた学者の洞察はさすがです。

ベビースキーマという魅力的な名前をつけていますが、ローレンツは、子どもだからかわいいと考えていたわけではありません。サルの赤ちゃん（アカゲザルやヒヒ）は頬がこけているため、ふっくらとしたライオンやトラの赤ちゃんに比べて、かわいいとは感じられないと書いています。インターネットで「ヒヒ　赤ちゃん」と画像を検索してみてください。こういった動物の赤ちゃんはやせていて、毛も薄いです。幼いことは分かりますが、ローレンツにとっては、かわいいとか抱きしめたいとか感じるものではなかったのでしょう。

ローレンツは、このような動物行動学における功績が認められ、一九七三年のノーベル医学生理学賞を受賞します。直感的に分かりやすい上に、ノーベル賞学者が提案した説ということもあり、ベビースキーマの考え方は、現在に至るまで強い影響を与えています。「かわいい」研究の出発点となった一九四三年のこの論文が書かれた背景については、コラム3をご覧ください。

図 3-2　パンダはかわいいが、パンダのぬいぐるみはもっとかわいい

超正常刺激

ベビースキーマは、生身の赤ちゃんの特徴ではなく、人間がかわいいと感じる刺激の要素です。だから、生き物かどうかに関係なく、そういう特徴を持っているだけでかわいいと感じられます。このことは、人形やぬいぐるみを考えれば納得できます。ローレンツ自身も、論文の中で、頭の大きな人形の魅力について言及しています。この考えに従うなら、ベビースキーマを強調すれば、たとえそれが現実に存在しなくても、もっと大きな反応が生じ、もっとかわいいと感じられるはずです。

この考えは正しいことが実証されています。サンリオのハローキティをはじめとして、キャラクターやぬいぐるみには、胴体に比べて、頭部が非常に（というか異常に）大きく、手足が短いものがあります。その方がかわいいと感じられるからです。図3－2に、ジャイアントパンダの写真を示します。パンダはかわいい動物だと言われますが、よく見るとクマです。ですから、ぬいぐるみにするときは、頭を大きくして、全体的に丸みを持たせることで、よりかわいくします。現実にありうるバランスでキャラクターを作ったら、かわいさが失われるでしょう。反対に、ぬいぐるみと同じプロポーションを持った生き物がいたら不気味でしょう。

このように、天然には存在しないが、大きな反応を引き起こすものを「超正常刺激（super-normal stimulus）」と呼びます。この用語はニコラス・ティンバーゲンによるものです。頭を大きくすることには、コミュニケーションに重要な顔を大きく描いて人間のイメージに近づけるという意味もあるでしょう（157ページの「擬人化」を参照）。

超正常刺激の他の例として、アニメで女性を描くときに、胸を大きく、ウエストをくびれさせ、ヒップを大きくすることがあります。女性の性的魅力を誇張して描いていますが、そんな女性はほぼ実在しません。好みは分かれますが、根強い人気があります。特定の特徴の組み合わせが、私たちの感情や行動を引き起こすという典型例です。

キャラクターの中には、地方団体や民間団体が作るものもあります。「ゆるキャラ®」という言葉は、イラストレーターのみうらじゅん氏の造語であり、登録商標です。もともとは、人が入る着ぐるみを指していました。完璧に作りこまれたものではなく、予算の関係で洗練されない手作り感が残るものが多く、微笑（苦笑）を誘います。こういったキャラクターにもベビースキーマは含まれています。中にはそうでないものもありますが、かわいいと感じさせようと作ったものには、必ずベビースキーマが超正常刺激として誇張された形で含まれています。

図 3-3　大学にも公式キャラクターがいる

大阪大学公式マスコット「ワニ博士」。

私が勤める大学にも、公式マスコットキャラクターの「ワニ博士」がいます（図3－3）。[8] 二〇一八年のゆるキャラ®グランプリでは総合二七位になり、大学のマスコットキャラクターとしては一位に輝きました。[9] これも実際のプロポーションではなく、超正常刺激としてデフォルメされ、擬人化されています。モチーフとなったマチカネワニは、キャンパス内で化石が発見されましたが、体長七メートルにも達する巨大生物だったようです。

キャラクターの進化

もし、ベビースキーマを含むキャラクターが好まれるとしたら、そういう特徴を持つものが作られやすくなると予想できます。生物学者・科学史家のスティーヴン・ジェイ・グールドは、一九七九年に書いたエッセイのなかで、ウォルト・ディズニーが生んだキャラクター、ミッキーマウスの「進化」を紹介しています。商業目的で作られたキャラクターは、消費者に好まれるように、より幼い体型に変化していくというのです。

ミッキーマウスが登場したのは一九二八年で、最初はやんちゃでいたずら好きのキャラクターでした。頭が小さく手足も長かったのですが、時が経つほど、頭が大きくなり丸みを帯びていきます。グールドはこの印象を定量化するために、各年代の身体形状をものさしで測りました。二次元のイラストですから正確ではありませんが、目の大きさと頭の長さ、耳の位置に注目しました。イラストが描かれた時期を三つに分けると、目の大きさ（頭の長さに対する割合）と額の広さ（前の耳の位置／頭の長さの比、耳が鼻から離れるほど額が広く丸くなる）、頭の大きさ（頭の長さ／身長の比）は、それぞれ後期になるほど大きな値となりました。そして、徐々に、ミッキーの甥として登場する子どものモーティに似てきたと書いています。インターネットで「Mickey evolution」と画像を検索してみてください。

「キャラクターは幼い方向に進化する」というグールドのアイデアは、ぬいぐるみのテディベアにも当てはまります。一九〇二〜〇三年にドイツ・シュタイフ社で製造が始まったテディベアは、最初は手足が長く、頭の小さなぬいぐるみでした。一見してテディベアだと分かりますが、現在のキャラクターのような、いかにも「かわいい」という感じはしません。イギリスのハインドとバーデン（一九八五）は、ケンブリッジ民族博物館に所蔵されていた一九〇三年から一九七〇年頃までのテディベアの身体形状を測り、のちの時代ほど、額が広くなり（目の位置が下がり）、頭部が丸くなる（鼻が低くなる）ことを示しました。しかし、論文が書かれた一九八四年時点で販売されていた複数の個体を調べると、額の広さや頭部の丸さには相当なばらつきがありました。つまり、全体としては幼形化していくのですが、一点に収束するわけで

8 https://www.osaka-u.ac.jp/sp/drwani/
9 http://yurugp.jp/vote/detail.php?id=00003705/

はなかったのです。最初のテディベアがかわいくない理由はもう一つあります。テディベアはもともと男の子のおもちゃだったからです。女の子のおもちゃは人形で、クマのぬいぐるみは男の子のおもちゃでした。このことは、東京学芸大学のジョシュア・デールさんに聞きました。

ところで、幼い特徴を持ったテディベアを好むのは誰なのでしょうか。私たちは、何となく子ども自身が選んでいるように思いますが、実際はそうではないことを示唆する研究が一九九五年に発表されています。イギリスのモリスたちは、たくさんのクマのぬいぐるみから、おとなの特徴を備えた四体（おとなタイプ）と幼い特徴を備えた四体（子どもタイプ）を選びました。四歳児二四名、六歳児二七名、八歳児二七名に、おとなタイプと子どもタイプを組み合わせた一六対について、好きな（気に入った）方を選んでもらいます。すると、年長になるほど子どもタイプが選ばれることが増えたのですが、四歳児はどちらも同じように選びました。一六対のなかで九回以上子どもタイプを選んだ参加者の割合は、四歳児で二九％、六歳児で七四％、八歳児で八五％でした。女児が子どもタイプを選ぶ割合は男児に比べて高かったのですが、性別に関係なく年齢が上がるほど子どもタイプを選ぶことが増えました。最後に、八体の中から一番好きなぬいぐるみを一つ選んでもらうと、子どもタイプを選んだ子どもは四歳児で二九％、六歳児で七八％、八歳児で七四％でした。この結果から、少なくとも五歳前の子どもはぬいぐるみの幼い特徴を好んでいるわけではないことが分かります。おとながかわいいと思う人形やグッズを子どもに与えることは、おとなの満足にはなっても、子ども自身は案外喜んでいないのかもしれません。

ミッキーマウス、テディベアときたので、私もスヌーピー（Peanuts）について調べたことがあります。漫画『ピーナッツ』の連載が始まったのは一九五〇年です。初期のスヌーピーは、頭が小さくスマートな体型でした。しかし、のちの時代になると、現在のような大きくて丸い頭になります。主役のチャーリー・ブラウンは、丸くて大きな坊主頭の男の子です。このキャラクターの見た目は一九六〇年代以降あまり変わっていません。ところが、初期には今よりずっと頭が大きかったのです。スヌーピーとは反対に、時代が進むと、見た目の幼児らしさが失われました。インターネットで「Peanuts evolution」と画像を検索してみてください。

キャラクターは、いつでも幼くかわいい方向に進化するのではありません。チャーリー・ブラウンがしっかり者に変わったように、ストーリーの中での役割に応じて、身体形状が変化していくのです。

「キャラクターの幼形進化」という説は魅力的ですが、常に当てはまるわけではありません。もっともらしい説明が正しいとはかぎらないのです。疑ってかかると言うと意地悪く聞こえますが、科学の世界では健全な批判精神を持つことが大切です。「健全な」というのは、土台をいっぺんに崩さないという意味です。全部をウソと決めつけたら、方向性を失ってしまいます。間違っているかもしれないが、そこに一片の真実があるかもしれない。そう考えることで、研究を一歩ずつ冷静に進めることができます。

「かわいい」と流行

もしベビースキーマだけがかわいさの源であるなら、どこかで「究極のかわいいキャラクター」ができて、みな同じような形に落ち着いてしまうでしょう。でも、キャラクターを作成する目的が人々の注目を集めることなら、そうはなりません。似た者同士になってくると、飽きさせないように、どこか風変りなキャラクターが登場してくるからです。

例えば、丸いものは角があるものよりも好まれるという一般的な心理法則があります（108ページ参照）。しかし、その好みによって、モノのデザインが一義的に決まるわけではありません。例えば、自動車のデザインは流行によって変わります。最近の自動車は昔に比べて丸くなったと感じることがあるかもしれませんが、歴史的に見ると、もっと昔の自動車は丸みを帯びていました。

ドイツのカーボン（二〇一〇）は、一九五〇〜九九年にドイツで作られた主要六ブランドの車のモノクロ写真について、どのくらい好きと感じるかを答えてもらいました。七〇年代と八〇年代に作られた車は角張っていますが、五〇年代に作られた車は九〇年代の車と同程度に丸みを帯びています。現代人が評価すると、現代の車と五〇年代の車が好まれ、七〇〜八〇年代の車は好まれないというU字型の関数になりました。しかし、それは現代人の感性によるものであり、生産台数の統計を見ても、七〇〜八〇年代に車が売れなかったわけではありません。別の実験で、同じ年代の車をまとめて評定してもらうようにすると、丸みよりもデザインの革新性が好みを説明するようになりました。

つまり、好みは、生物学的な影響も受けますが、時代やファッションによっても変化するのです。消費者が丸い車に飽きると角張った車が増えます。角張った車がありふれてくると、また丸い車に戻ってきます。このように一〇〜二〇年ごとにトレンドが交代していくのです。

飽きない／飽きさせないために変わっていくのは、「かわいい」の流行も同じです。ふつうの「かわいい」に飽きてくると、ストレートではない新手の「かわいい」が生まれ、奇抜なかわいさが注目されます。しかし、それが一周すると、また定番のかわいさに戻ってくるというトレンドがあります。

その後の実証研究

ベビースキーマの概念が、ローレンツの洞察から生まれたのは一九四二〜四三年です。一九六〇年代になってようやく実証的な研究が始まりました。私の知るかぎり、最も古い記録は一九六〇年にコーネル大学のブルックスとホッホバーグが発表した、たった一ページの研究ノートです。これは、赤ちゃんの線画イラスト（正面顔、横顔）を用い、目の位置が高すぎても低すぎてもかわいさが低下することを示したものでした。ベビースキーマの話は出てきません。

その後、一九六五年にドイツのヒュックシュテットが、ローレンツ自身の助言も受けた研究を発表します。子どもや動物の横顔の線画を使って、「より心が温かくなり、甘く、愛しく、かわいい（herzigar, süßer, lieber, oder niedlicher）」と感じられる特徴を調べました。その結果、額が丸く突きだしているという身体特徴が正常よりも誇張されると、このような気持ちが強く生じることが確かめられました。この論文で注目すべきは、単に「かわいさ」を判断してもらっているわけではなく、感情反応に重点がおかれていることです。ベビースキーマという生得的解発メカニズムに基づけば、感情反応を扱うのが自然です。しかし、研究が進むにつれて、徐々に赤ちゃんらしさ（幼さの身体特徴）の知覚がメインとなり、感情反応は軽視されるようになりました。なお、この論文を追試し拡張した研究は、大阪大学・武庫川女子大学の前田實《とみ》子《こ》氏が一九八三〜八五年に発表しています。

一九七七年に発表されたアメリカの論文でスタングランツたちは、さまざまな幼児顔のイラスト（線画）の魅力度（かわいさ）について六九二名の大学生に評価してもらいました。あごの大きさ、目の縦と横の大きさ、黒目（虹彩）の大きさを操作したところ、それぞれについて、最も好まれる範囲があることが分かりました。

コネチカット大学のアリーは、一九八〇年代に、線画を使って、人間の身体形状とかわいさとの関係を調べました。その結果、幼いと評価される形状を持った顔や体（頭と胴体との比や全体の大きさ）は、よりかわいい、守ってあげたい（誰かに殴られているのを見たら止めに入る）、愛情をもって抱きしめてあげたいと評価されました。一九八六年の論文では、新生児から老人までの横顔イラストを用いて、かわいがりたいと感じること（cuddliness）と守ってあげなくてはと感じること（defense-provokingness）は別であり、前者は生後六ヶ月頃の幼児で最大になるが、後者は新生児や老人に対しても生じることを示しています。

初期の研究では、イラストや線画を使ってベビースキーマの特徴を表現していましたが、二〇〇九年には、グロッカーたちが実際の幼児の写真を使ってベビースキーマを操作した実験を初めて発表しました。自然な顔に見えるように、七〜一三ヶ月児の写真四〇枚について、顔の幅や縦の長さ、目の横幅、顔の長さに対する額の高さの比などを計測して標準的な範囲を求め、その範囲に収まるように一七名の幼児顔のベビースキーマの程度を増減させました。計五一枚の写真をアメリカの大学生に見せて、画像のかわいさやどのくらい世話をしたいと思うかを答えてもらいました。その結果、男女ともに、ベビースキーマを増やした顔に対して、かわいさの得点と世話をしたいという得点が高くなりました。

かわいい顔の作り方

ベビースキーマについての最近の研究は、画像編集ソフトを使って行われています。これには二つの方法があります。一つは、今紹介したグロッカーたちのように、すでに知られている特徴を直接変化させる方法です。目を大きくする、鼻を小さくする、頬をふくらませる、といった操作をします。この方法であれば、操作している要素が明らかなので、人の顔だけでなく、動物の顔や自動車のフロントデザインにも適用できます（図3-4）。プリクラやスマホの写

図 3-4　かわいさの特徴を追加する
左の図から目を大きくしてあごを小さくするとかわいくなる。
ライトを大きくフロントグリルを小さくするとかわいくなる。

真には目を大きく加工する編集機能がついていますが、大きくて丸い目はかわいさに関係しています。

二〇一八年に発表されたカナダのアルマンサ－セプルベダたちの研究では、一〇八名の女子大学生に七二名の幼児顔（二〜五ヶ月児）を評定してもらい、その値と顔の物理的形状との関係を分析しました。その結果、かわいさの評定値と関連するのは、顔に丸みがあり、あごが小さく、おでこが広いことだったという結果が得られています。ベビースキーマの特徴が裏づけられたということです。似たような研究は、一九七九年にヒルデブラントとフィッツジェラルドも行っています。なお、ふだんの生活にこの知見を活かすなら、写真を撮るときは、あごを引いておでこを前に出すようにして上目づかいにすると、かわいく見えます。あごが小さくおでこが広く写るからです。

かわいい顔を作るもう一つの方法は、かわいさが

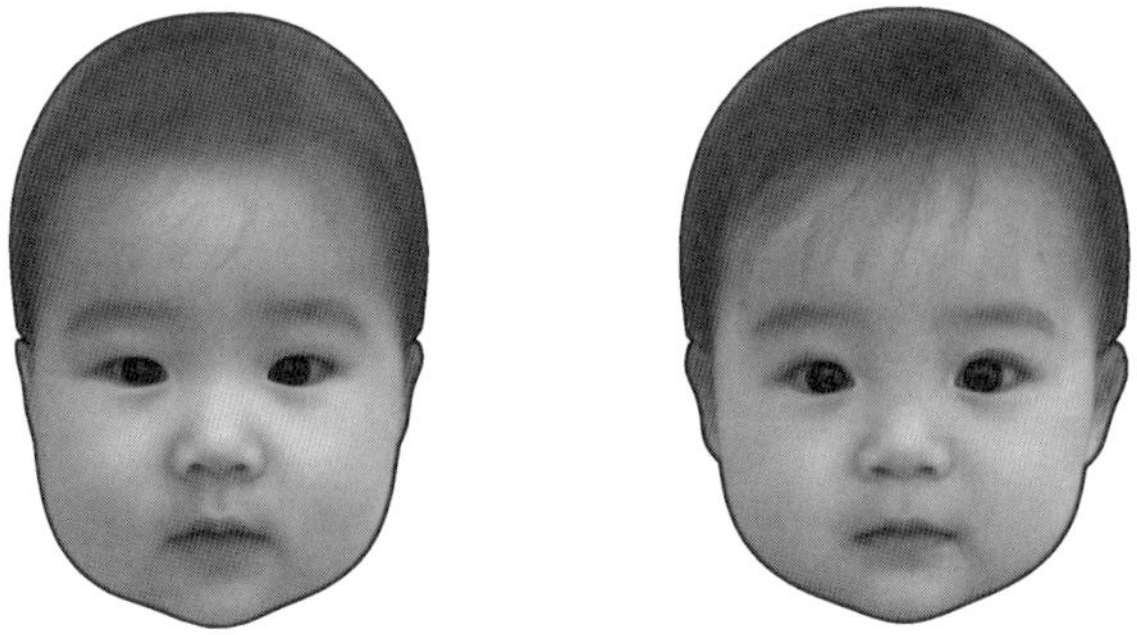

図 3-5　かわいさの低い平均顔（左）とかわいさの高い平均顔（右）

6ヶ月児10人ずつから作成。Nittono et al.（発表準備中）より。

高い顔とかわいさが低い顔を集めて平均し、典型的な顔（プロトタイプ、原型）を作る方法です。図3－5に、私たちの研究室で作った顔の例を示します（学部生の大橋紅音さんの協力を得ました）。八〇名の六ヶ月児の顔を集め、二〇～六〇代の男女二〇〇名にかわいさを一点から七点で評定してもらいました。かわいさの平均評定値が高い方から一〇名、低い方から一〇名を選んで、その顔の形状を平均しました。どちらも赤ちゃんの顔ですが、どちらがかわいいかと尋ねられたら、右側の方がかわいいと答える人が多いでしょう。全体に顔に丸みがあり、大きくて丸い目が顔の下半分にあり、おでこが広く、頬がふくよかというように、ベビースキーマの特徴をよく表しています。この方法は、二〇〇七年頃に、スコットランドにあるセントアンドリューズ大学のデイヴィット・ペレット教授の研究室で始まりました。

さらに、この二つの顔を使えば、任意の顔のかわい

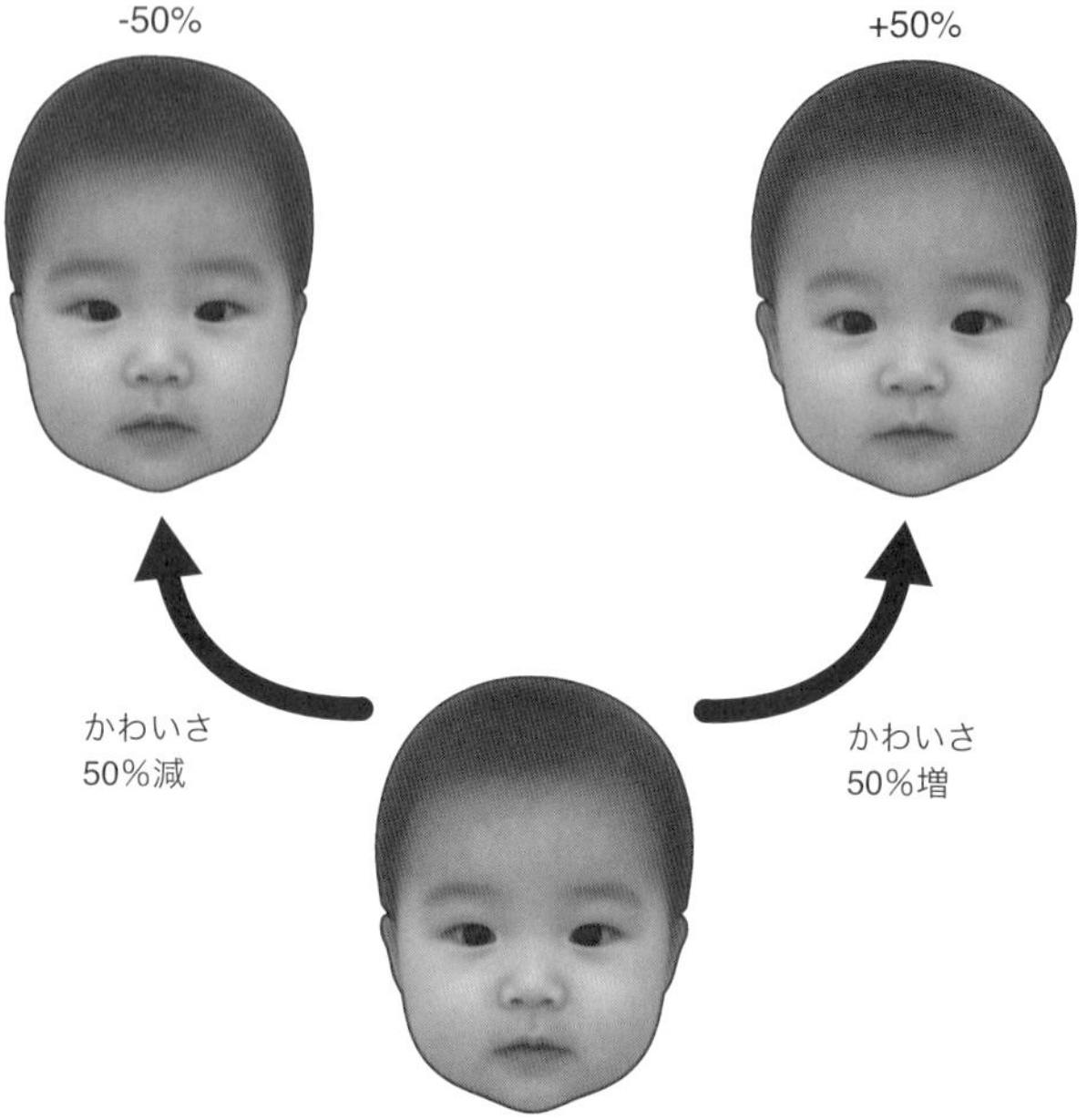

図 3-6 かわいさの程度を増減させる

さを増やしたり減らしたりできます。二つのプロトタイプ顔は形状が異なっています。かわいさの低い顔をかわいさの高い顔に連続的に変形させていけば、徐々に丸みを帯びて額が広くなっていくでしょう。この形状変化のパターンを任意の顔に適用するのです。連続的な変化なので何％変化させるかを指定することができます。図3－6に、一つの顔を、かわいさが高い方向にプラス五〇％変化させた顔とかわいさが低い方向に五〇％変化させた顔を示します。元の顔の特徴は残っていますが、かわいさに関係する形状の変化は起こっています。変化させる割合が低いほど、弁別が難しくなります。例えば、プラス五〇%とマイナス五〇%の顔の違い（一〇〇%の差）よりも、プラス二五%とマイナス二五%の顔の違い（五〇%の差）の方が区別しにくいということです。

セントアンドリューズ大学のロブマイヤーたち（二〇一〇）は、五〜八ヶ月児の顔をこの方法で細かく変形させ、かわいさの差が二五%、五〇%、七五%、一〇〇%の四種類の対を作りました。コンピュータ画面上に二つの顔を並べて提示して、一〇四名の大学生（平均二二歳）に、よりかわいい方の顔を選んでもらいました。すると、差が大きくなるほど正しく選べる割合が高くなりました。差が二五%では偶然と変わりませんでしたが、差が一〇〇%の対では正答率はおよそ七割でした。この結果は、かわいさという客観的な次元（見た目の特徴）が存在し、人間はそれを一貫して判断できることを示しています。さらに、別の研究によって、動物の顔のかわいさも、人間の顔と同じ手がかりを使って判断されることが示されています。

なお、幼児の性別は顔から正確に識別するのが難しいので、多くの研究では、男女の顔を区別せずに分析します。その一方で、かわいい赤ちゃんは女の子と思われるというステレオタイプもあります。先ほど示した図3-5の二つの顔は、どちらが女の子のように見えますか。実は、どちらの顔も男女五名ずつの顔を平均したものです。

男女差はあるのか

第二章で紹介したアンケート調査では、女性は男性よりもかわいさに敏感であるという結果が得られました。このような性差は、客観的にも裏づけられるのでしょうか。

男女差の研究は、実験心理学の鬼門です。というのは、性別の効果は、厳密には「実験」できないからです。コラム1で述べたように、実験心理学では無作為割り当てという方法を使いますが、性別はランダムに割り当てられません。もし性別の効果を検証しようとするなら、調査研究と同じように、無作為抽出による多数の参加者が必要になるでしょう。これまでの「かわいい」に関する実験心理学では、この基準を満たす研究は行われていません。したがって、以下に述べることは、ある条件のもとで得られた結果の例と考えてください。

先ほど紹介したロブマイヤーたち（二〇一〇）は、女性は男性よりもかわいい顔の正答率が高かったと報告しています（六四％対五八％）。より幼い顔やより幸せそうな顔を選ぶときには性差がなく、正答率はおよそ七割でした。男性も女性も、顔の見た目の特徴を読み取ることができるのですが、女性はかわいさの弁別に特に優れていることが分かりました。

パーソンズたち（二〇一一）は、一七〜二四歳の七一名にキー押し課題と評定課題を求めました。キー押し課題とは、写真を長く見ようとする動機づけを測る方法です。実験参加者は写真を一枚ずつ見て、その提示時間をキー押しによって調整します。上のボタンを押すと提示時間が延長され、下のボタンを押すと提示時間が短縮されます。何もしなければ一定時間（例えば四秒間）提示されて、次の写真に切り替わります。写真をもっと見たければ上のボタンを押し、見たくなければ下のボタンを押すでしょう。写真が提示された時間やボタンを押した回数を、写真を見ようとする動機づけの指標とします。幼児顔三五枚とおとな顔三五枚について魅力度を尋ねたところ、女性は男性よりも幼児顔に高い点数をつけました。しかし、写真を見る時間に性差はなく、男女ともにかわいさの特徴を多く持つ顔を長く見る傾向がありました。

一方、ハーンたち（二〇一三）は、男女で写真を見る時間が違うと報告しました。平均年齢二〇歳の七二名のデータを分析に使っています。この実験では、かわいさを五〇%増減させた幼児顔だけでなく、似たような方法で魅力度を五〇%増減させたおとなの男性と女性の顔も提示しました。各カテゴリー一〇名で、あわせて三〇名の写真を、かわいさや魅力度が高い顔と低い顔に変形させました。六〇枚の写真をランダムな順序で提示し、提示時間を調整できるキー押し課題を行ってもらいました。その結果、かわいさの高い幼児顔をかわいさの低い幼児顔よりも長く見ようとする行動は、男女ともに認められました。特に女性は、長く見ようと延長ボタンを押しました。しかし、男性は、同性の顔や幼児顔を短く切り上げて、女性の顔を長く見る傾向がありました。

この二つの研究を比較すると、赤ちゃんの顔をどのくらい長く見ようとするか（どのくらい報酬として価値があるか）は、同時に提示される刺激に影響されることが分かります。女性には、赤ちゃんの顔を長く見ようとする比較的安定した傾向があります。これに対して男性は、見た目がかわいい赤ちゃんをそうでない赤ちゃんよりも長く見ようとするのですが、他にもっと魅力的なもの（女性）があると、そちらを優先して見る傾向があります。

他の研究でも、一般的には、女性の方が子どもに対する関心が高いことが示されています。しかし、状況による違いも大きく、単純な二分法は適用できないようです。

性ホルモンの影響

このような性差はどこから生まれるのでしょうか。「女性は子どもが好きなはずだ」「好きでないといけない」という社会規範の影響もあるかもしれません。その一方で、生物学的な理由も考えられます。

セントアンドリューズ大学のスプレンゲルマイヤーたち（二〇〇九）は、かわいさの程度を操作した幼児顔を使って、かわいさの弁別能力の男女差や年齢差を調べました。研究1では、若い男性（一九〜二六歳）、若い女性（一九〜二六歳）、中年女性（四五〜六〇歳）の三つのグループ（各二四名）で実験しました。すると、どのグループも二つの顔のかわいさの差が大きいほど正答率は高かったのですが、若い女性だけ、若い男性や中年女性に比べて正答率が一〇％ほど高いという結果が得られました。さらに、中年女性を年齢が高い人（五三歳以上）と低い人（五一歳以下）に分けたところ、低年齢の人は若い女性と同じように正答率が高く、高年齢の人は男性と同じくらいの正答率でした。

女性のかわいさ弁別能力が五〇歳前後で低下することについて、スプレンゲルマイヤーたちは、女性ホルモンの影響を疑います。イギリスにおける閉経の平均年齢はおよそ五一歳です。そこで、研究2では、同じ年齢（平均五五歳）で、二年以上前に閉経を迎えた一〇名と、閉経前の一〇名を対象にして、同じ実験をしました。すると、閉経を迎える前の女性の方が平均して八％ほど正確でした（六一％対五三％）。

最後の研究3では、経口避妊薬（ピル）を服用している一二名の女性と服用していない一二名の女性（どちらも平均二一歳で出産経験なし）に参加してもらいました。すると、ピルを服用している女性は、服用していない女性に比べて、かわいさ弁別能力が高いという結果が得られました（七四％対六五％）。閉経を迎えると、女性ホルモンであるエストロゲン（卵胞ホルモン）やプロゲストーゲン（黄体ホルモン）の濃度が下がります。他方、経口避妊薬を服用すると、これらのホルモン濃度が高まります。これらの結果を合わせて考えると、かわいい顔の弁別には、女性ホルモンが影響している可能性があります。

かわいさの弁別に女性ホルモンが関係しているなら、生理周期によっても弁別成績が変わりそうです。ロブマイヤーたち（二〇一五）は、二九名の女性に参加してもらい、排卵日付近（排卵検査薬で尿中の黄体形成ホルモン濃度が上昇してから四八時間以内）とその七日後（黄体期）での弁別成績を比較しました。訓練の効果があるかもしれないので、半数の人は、排卵期に最初のテストを行い、黄体期に二回目のテストを行いました、残りの半数の人は、黄体期

(黄体形成ホルモン濃度が上昇した七日後)に最初のテストを行い、次の排卵期に二回目のテストを行いました。その結果、妊娠しやすい排卵期の方が、その一週間後の黄体期に比べて、かわいい顔の弁別成績が良いことが分かりました(七二%対六八%)。しかし、唾液から採取したエストラジオール(卵胞ホルモンであるエストロゲンの一種)、プロゲステロン(黄体ホルモンであるプロゲストーゲンの一種)、テストステロン(男性ホルモンであるアンドロゲンの一種)の濃度と弁別成績には関係がなかったので、原因となるホルモンは不明のままでした。

女性ホルモンではなく男性ホルモンが影響するという研究もあります。ハーンたち(二〇一五)は、六〇名の女性(平均二一歳)に週一日五回にわたって実験を行いました。刺激は先ほどと同じように、かわいさを五〇%増減した顔です。幼児顔のかわいさについての評定を求めるとともに、動機づけを測るキー押し課題を行ってもらいました。その結果、唾液から測定された男性ホルモンのテストステロン濃度が高いときに、かわいさが高い顔をより長く見るようにキー押しをする傾向が認められました。かわいさの評定値には差がありませんでした。女性ホルモン濃度との関連は認められませんでした。

これとは反対に、テストステロン濃度が高いと、女性は幼児顔に対して注意を向けるのが遅くなったという報告もあります。女性は出産するとテストステロン濃度が低下し、男性も子どもの世話をしているときはテストステロン濃度が低下するという研究もあります。これらの結果は、子育てにはテストステロン濃度が低い方が適応的であることを示唆しています。

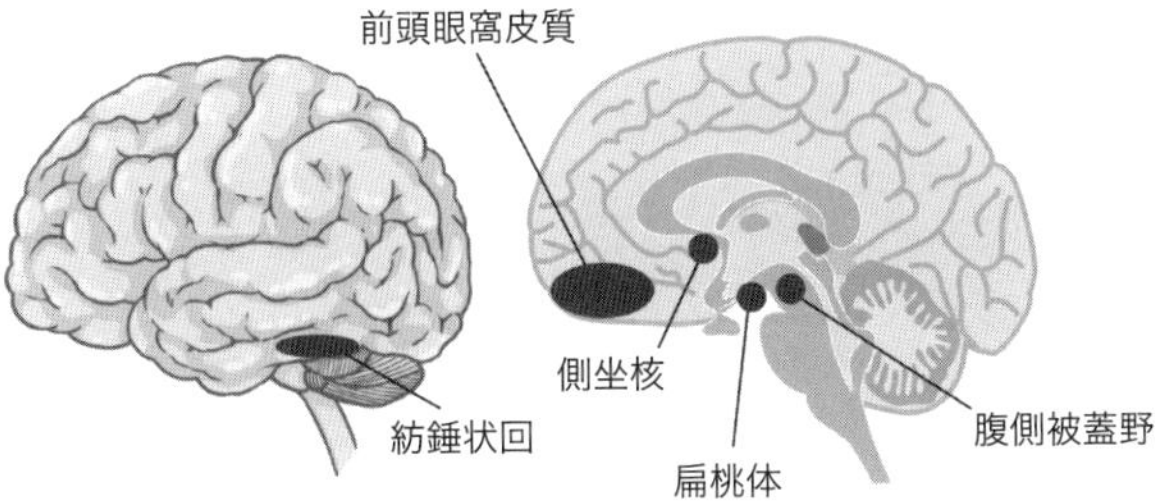

図 3-7　「かわいさ」の知覚に関係する脳部位（およその位置）

このように、性ホルモンとかわいさの知覚には、何らかの関係があります。しかし、測定方法によって結果が変わるので、現時点では確実なことが言えません。少なくとも、単一のホルモンによってかわいさに対する反応が決まるわけではないようです。

脳の反応

ベビースキーマに対する脳反応を調べた研究もあります。赤ちゃんの顔についての研究は多いですが、ここでは赤ちゃんの顔のかわいさの違いに関する研究に注目します。主な脳部位のおよその位置を図３－７に示したので、参考にしてください。

グロッカーたちは、二〇〇九年に発表した論文で、ベビースキーマを増強させた顔には、側坐核《そくざかく》の活動が増加することを示しています。出産経験のない一六名の女性に、ベビースキーマを増減させた計五一枚の幼児顔の写真を見せて、かわいさを三段階で評価してもらいました。

脳の中では酸素が多く供給される領域ほど賦活していると考えられます。脳における酸素配分量の変化に敏感である機能的磁気共鳴画像法（fMRI）という方法を用いて、それぞれの顔に対して賦活する脳部位を調べました。ベビースキーマの程度に応じて賦活したのは、右側坐核、左前部帯状皮質《たいじょうひしつ》、左楔前部《けつぜんぶ》、左紡錘状回《ぼうすいじょうかい》でした。側坐核は報酬系と呼ばれる神経回路の中心となる脳部位です。中脳にある腹側被蓋野《ふくそくひがいや》から神経伝達物質ドーパミンを放出する神経の入力を受けて活動が変化します。楔前部・前部帯状皮質は注意に、紡錘状回は顔処理に関連しています。これらの結果からグロッカーたちは、かわいいものに対しては注意が向けられ報酬系が賦活すると述べています。同じような手続きを使った研究が二〇一八年にオランダのボッスたちによって発表されました。しかし、グロッカーたちの結果とは異なり、ベビースキーマの程度に応じた側坐核の活動変化は認められませんでした。かわいさの低い顔に対して扁桃体《へんとうたい》の賦活が生じました。

　オックスフォード大学のクリンゲルバックたちは、二〇〇八年に発表した脳磁図を用いた研究で、幼児顔（三～一二ヶ月齢）とおとな顔に対する脳反応を比較しました。一二名の参加者に、一三名の赤ちゃん、一三名のおとなの三表情（楽しい、無表情、悲しい）の顔写真を三〇〇ミリ秒ずつ見せました。顔は眺めておくだけです。この実験では、かわいさの程度を直接調べていませんが、幼児顔を見ると、その一三〇ミリ秒後に内側前頭眼窩皮質《がんかひしつ》と呼ばれる場所で活動が認められ、一六五ミリ秒後には右紡錘状回でも活動が認められたと報告しています。内側前頭眼窩皮質は、報酬に関連した顕著な刺激に対して活動することから、クリンゲルバックたちは、人間の脳は幼児顔を特別なものとして認識していると主張しています。その後の研究で、この内側前頭眼窩皮質の活動と紡錘状回の活動は、形態異常のある幼児顔を見たときには低下することが示されています。

顔処理に関連する大脳皮質（紡錘状回）が、おとな顔よりも幼児顔に対して強く活動することは、脳波の研究でも繰り返し示されています。顔を見た約一七〇ミリ秒後に後側頭部（耳の後ろあたり）で記録される陰性電位N１７０は、紡錘状回の活動を反映するといわれています。その振幅はおとな顔に比べて幼児顔で大きくなります。ハーンたち（二〇一六）はその知見を確認しましたが、全体としては、かわいくない顔に対して顔処理に関連するN１７０反応が大きくなったと報告しています。おとな顔については、魅力的でない顔（例えば、化粧顔に比べた素顔）に対してN１７０反応が大きくなるという知見があります。幼児顔でも似たようなことが生じるのかもしれません。かわいさに関連する脳電位反応については今後さらに検討する必要があります。

幼児の顔がおとなの顔に比べて顕著な刺激として処理されることは確かです。しかし、かわいさの違いがどのような脳活動の違いを生むかについては、まだ確実なことが分かっていません。

◆この章のまとめ◆

この章では、「かわいい」研究の出発点であるベビースキーマについて紹介しました。いまだに影響力のある説であり、顔立ちについての研究が数多く行われています。ある種の見た目がかわいいと感じられることは確かです。しかし、「かわいい」のは赤ちゃんだけではありません。ベビースキーマがかわいいと感じられる強力な手がかりであったとしても、日本語の「かわいい」の適用範囲はもっと広いように思います。ベビースキーマは赤ちゃんそのものの特徴ではないと述べましたが、次の章では、幼さとかわいさの関係についてさらに検討してみましょう。

コラム3

ローレンツの裏の顔

コンラート・ローレンツ（一九〇三～八九）は日本でも人気があり、多くの著作が翻訳されています。彼が有名にしたハイイロガンの刷り込みの話を聞いたことがある人も多いでしょう。鳥類は、生まれて最初に見た大きな動くものを親と思い、後追いするようになるという現象です。この現象はローレンツが発見したものではなく、一九世紀末にイギリスのダグラス・スポルディングが発見し、二〇世紀に入ってからドイツのオスカー・ハインロートが再発見したものです。

白いあごひげを豊かに生やした写真を見ると、動物好きのおじいちゃんという感じがします。また、一九七三年にノーベル医学生理学賞を受賞したという経歴を聞くと、すごい人なのだ、きっと正しいことを言っているに違いないと思ってしまいます。ベビースキーマ説が強い影響力を持っている背景には、それが直感的に分かりやすいことに加えて、ノーベル賞という権威があるのかもしれません。「ハロー（後光）効果」といって、人の評価は目立った特徴に影響されやすいのです。

一方、ローレンツには「裏の顔」があることも知られています。彼は、第二次世界大戦中、国民社会主義ドイツ労働者党（いわゆるナチス）の党員であり、協力者だったのです。当時、ナチ党員であることは、大学の職や研究費を得ることにプラスに作用しました。生物学分野では半数以上の教員がナチ党員でしたから、彼が特別だったわけではありません。しかし、ローレンツの場合、それを都合よく利用したというより、彼の思想とナチスの政治理念には共通点があったようです。

ローレンツは一九〇三年一一月七日、オーストリアのウィーン近郊にあるアルテンベルクという町に生まれました。後年、ローレンツは生まれてこのかた政治には無関心であったと述懐しています。それはおそらく嘘ではなく、彼の主な関心はずっと科学にあったのでしょう。その考えに素直に従った結果、初期にはナチス、晩年には環境保護を訴える「緑の党」の政治活動に関わることになったように思われます。

ローレンツは、ウィーン大学で医学を学んだあと、動物学と心理学を研究し、一九三三年に博士号を取ります。動物の本能行動や家畜化の研究を行い、一九三六年にウィーン大学で教授資格を得ます。家畜化されて性質を変えた動物を、ローレンツは野生の能力を失って退化した動物と見なします。彼は危機感を覚えます。これと同じことが人間でも起きているのではないか。文明化が進んだ結果、退化した人間が増えているのではないか。優れた人間を残さないと人類が滅びてしまう。

オーストリアがドイツに併合された三ヶ月後の一九三八年六月、ローレンツはナチスに入党し、人種政策局のメンバーになります。そこでは講演する立場にもあったようです。その後、一九四〇年（三六歳）にはドイツのケーニヒスベルク大学の比較心理学の教授になります。この採用には当時の政権の力が強く働いたと言われています。そこで約一年間働いたあと、一九四一年から兵役につきます。ポーランドの町ポズナン（ベルリンとワルシャワの中間にある古い町）で軍事心理学者として働いたのち、一九四二〜四四年にはポズナンにある病院で神経科・精神科医として働きます。そこで、彼はドイツの東方植民政策（東部ヨーロッパの支配）を念頭に計画された、人種に関わる実験に自主的に参加します。この実験は一九四二年五〜九月に、八七七名を対象にして行われました。課題遂行成績、情動、性格などを比較した結果、ドイツ人とポーランド人では精神基盤が遺伝的に異なっており、ドイツ人の優れた生産性は交配によって大きく損なわれるという結論を出しています。

この時期に書かれたのが、先ほど出てきたベビースキーマが登場する論文『可能な経験の生得的形態（経験できることには生まれつき決まった形がある）』（一九四三）でした。原稿の受付日は一九四二年七月三一日になっています。一七五ページという非常に長いもので、ローレンツも編集に関わっていた『動物心理学雑誌』に掲載されました。この雑誌は一九八六年に *Ethology* と改名され、現在も刊行されています。この論文は英訳も和訳もされていませんが、ベビースキーマに関する部分については、『動物行動学Ⅱ』という翻訳書に収録された『動物および人間の社会における全体と部分―方法論的考察―』（一九五〇）で類似の内容を読むことができます。

ローレンツは、民族と人種がすべてであり、個人は取るに足りないという考えを持っていたようです。ベビースキーマについて述べた同じ論文に、「意識的な、科学に基づいた人種政策(bewußte, wissenschaftlich unterbaute Rassenpolitik)」がなければ、文明化によって人類は滅びるだろうと書いています(302ページ)。また、野生の動物と家畜化されたペットを比較し、短い手足や丸い体形、弱い筋肉、表情の鈍さといった家畜化の特徴は醜いと述べています。ローレンツにとって美しいものとは、ギリシャ彫刻のような筋骨隆々とした姿でした。はっきりと書いてはいませんが、ベビースキーマのような特徴は遺伝的退化に類するものと捉えていたようです。ローレンツの著作には、証拠に基づかない議論が散見されます。しかし、当時は政権を恐れて、公に批判するものは少なかったようです。

第四章
幼さとかわいさ

幼いものがかわいいとはかぎらない

ベビースキーマというアイデアは、「かわいい」の科学的研究が進むきっかけを作ったという点で画期的なものでした。直感的に分かりやすいこともあり、七〇年以上にわたり、有力な説として残っています。確かに、ローレンツが記述した特徴を持っていれば、生物であっても、非生物であっても、かわいく感じられます。

その一方で、「ベビー（赤ちゃん）」という魅力的なネーミングがその後の研究の方向性を誤らせた可能性があります。幼いからかわいいわけではないからです。

図4－1を見てください。四匹の猫のうち、一匹だけがおとなの猫です。どれか分かりますか。答えは右下の猫（二歳のサイベリアン）です。それ以外はすべて生後三ヶ月の猫です（左上：マンチカン、右上：ヒマラヤン、左下：日本猫）。明らかに子猫と分かるものとそうでな

図 4-1　おとなの猫はどれでしょう？
写真提供：村田三二さん（株式会社トップオブハート）

いものがあります。私たちは、実際の年齢に反応しているわけではなく、ある種の見た目の特徴に対して反応していることが体験できるでしょう。

幼いがかわいくない顔

図４-２の二つの顔を見てください。無表情なので少し不気味ですが、どちらが幼く見えますか。また、どちらがかわいく見えますか。

　大阪電気通信大学の小森政嗣さんと私は、二〇一一年から幼児顔のかわいさの要素を調べる研究を行いました。三〜四歳の保育園児の写真を九六枚集め、その顔の形状を平均した顔を作りました。その顔を、すでに作成してあった二〇歳前後の大学

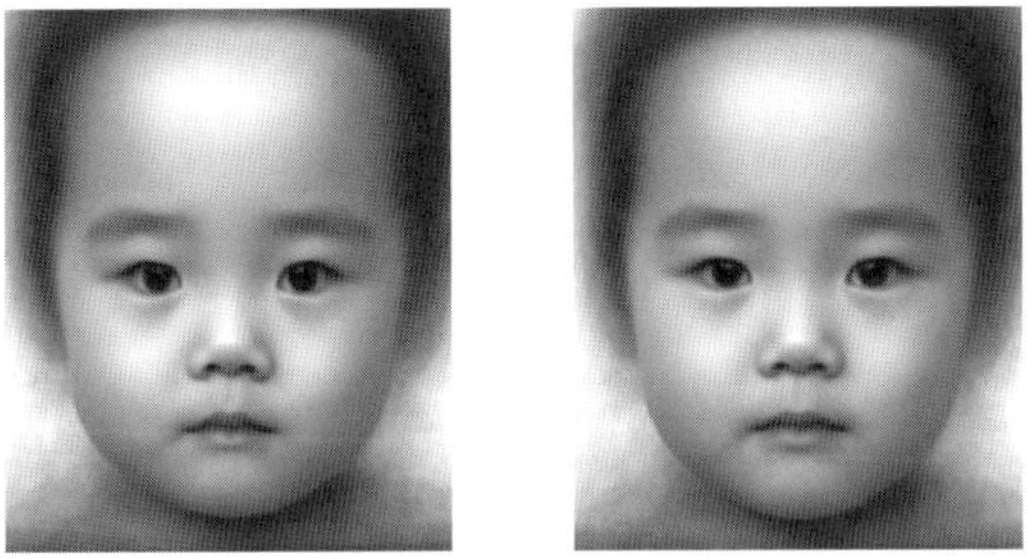

図 4-2　どちらが幼い？　どちらがかわいい？
写真提供：小森政嗣さん（大阪電気通信大学）

生の平均顔の形状に近づけたり離したりすることで変形させました。おとなの顔と子どもの顔は形が違います。成長によってある方向に連続的に変わっていくなら、その反対方向に変化させれば、より幼い顔ができるはずです。

このような仮定に基づき、平均顔から幼い方に三段階、成長した方に三段階変化させ、合わせて七つの顔を作りました。七つの顔から二つずつ取り出して、四二対（左右を入れ替えたものも含む）を大学生に見せて判断を求めました。半分の学生（四八名）には「より幼い」と思う方を選んでもらい、半分の学生（五〇名）には「よりかわいい」と思う方を選んでもらいました。その結果に基づいて、それぞれの顔の「幼さ」と「かわいさ」の得点を計算しました。選ばれた回数が多いほど得点が高くなります。

結果を図４－３に示します。幼さの得点はきれいに順序どおりになりました。おとなの顔から遠ざけるように変形させた左側の顔ほど幼いと知覚されました。しかし、かわいさの得点は順序どおりにはなりませんでした。左端の最も幼い顔

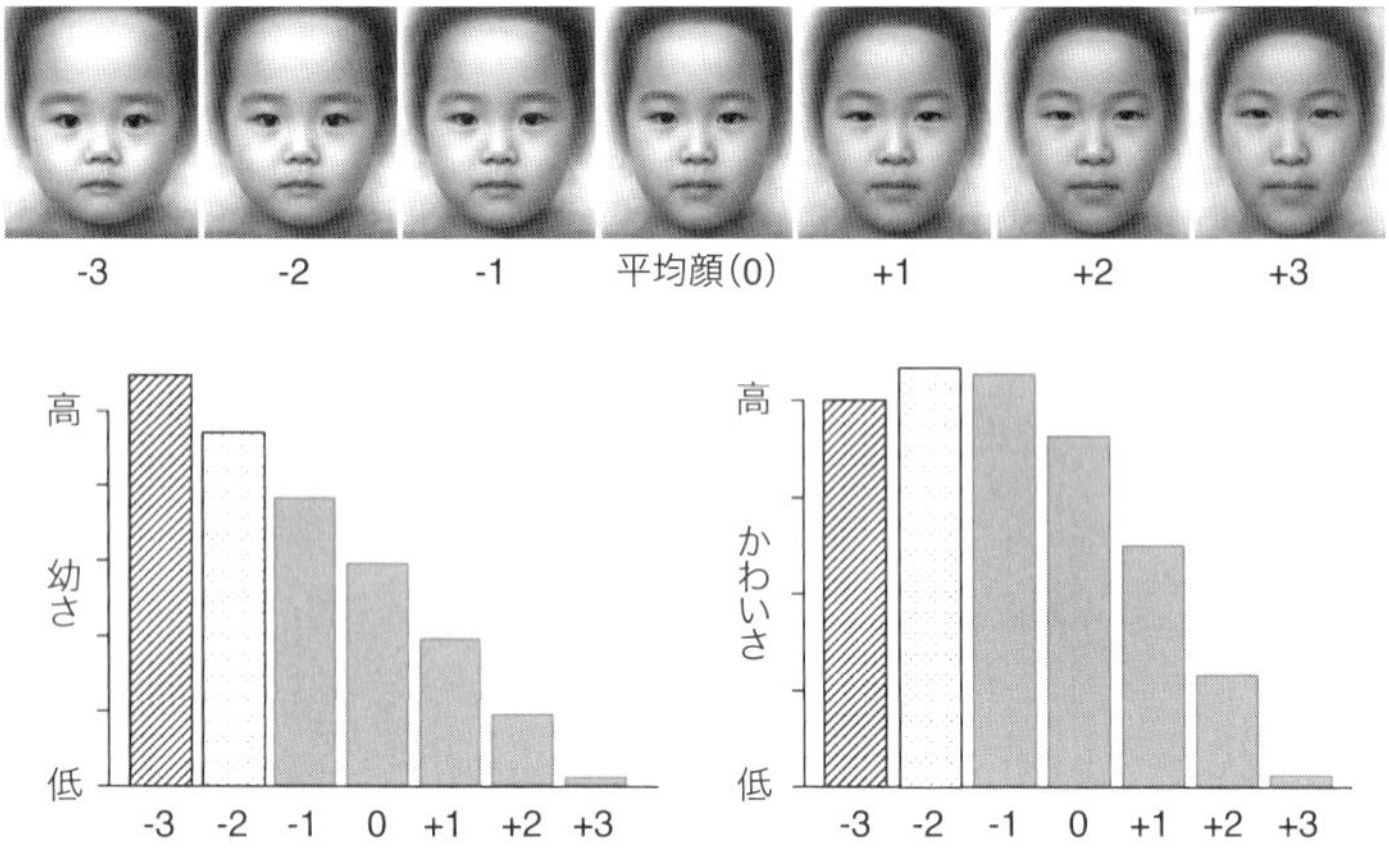

図 4-3　幼児の合成顔に対する幼さとかわいさの評価
Komori & Nittono（2013）より作成。

が最もかわいいとは知覚されず、左から二番目の顔が最大となりました。

最初に図4－2に並べて示したのは、左端とその隣の二つの顔でした。より幼いと判断されたのは左の顔でしたが、よりかわいいと判断されたのは右の顔でした。この結果は、幼い顔がいつでもかわいいわけではないことを示しています。

何歳の子が一番かわいいか

生まれたばかりの赤ちゃんを見たことがありますか。実は、新生児の顔はあまりかわいいとは感じられません。かわいいと感じられる見た目の特徴が少ないのです。

二〇一八年に発表されたカナダ・ブロック大学のフランクリンたちの研究では、一四二名の成人に、一八名の健康な赤ちゃん（満期出産）

の生後〇ヶ月、三ヶ月、六ヶ月のときの顔写真（計五四枚）を見せました。赤ちゃんには、白人だけでなく、東アジア人、インド人、アフリカ人も含まれていました。それぞれの写真の顔について、いくつかの質問をしました。親代わりに育ててみたいか、かわいいか、健康か、うれしそうか、自分にどのくらい似ているかの五つです。その結果、すべての質問項目で、〇ヶ月の子の得点が最も低く、三ヶ月、六ヶ月となるにつれて肯定的な評価が高くなりました。

新生児の見た目がかわいくないことは確かなのですが、何ヶ月児の顔の見た目が最もかわいいかについては二つの説があります。一歳直前という説と、六ヶ月という説です。

一九七九年に発表されたミシガン州立大学のヒルデブラントとフィッツジェラルドによる研究では、一九六名の男女大学生を対象に、生後三〜一三ヶ月（二ヶ月ごとの六段階）の幼児（男女各五名、計六〇名）の顔写真を一枚ずつ見せて、かわいさを判断してもらいました。「平均的なかわいさ」を3とし、1（あまりかわいくない）から5（とてもかわいい）で答えてもらった結果、女の赤ちゃんは九ヶ月、男の赤ちゃんは一一ヶ月で最もかわいさの得点が高くなりました。

早稲田大学の根ヶ山（一九九七）は、同じ子ども（男児二名、女児一名）の生後〇ヶ月から二九ヶ月までの八枚の顔写真を使い、かわいさの順位をつけてもらうという実験を行っています。幼稚園児の母親六五名（平均三四歳）、女子大学生三九名（平均二〇歳）、幼稚園の女児二九名（平均五歳）を対象としました。結果は、母親では九〜一一ヶ月にピークがあり、女子大学生ではややばらつきましたが三～一一ヶ月で高くなりました。どちらも、生まれたばかりの赤ちゃんの顔を最もかわいくないと評価しました。不思議なことに、幼稚園児の判断は、おとなとは異なっていました。生まれた直後から三～五ヶ月齢までを最もかわいいと評価し、月齢が進むほどかわいさの順位が下がりました。この結果は、先ほど述べたぬいぐるみに対する子どもの好みの研究（60ページ）とともに、子どもとおとなでは、かわいさの判断基準が異なっていることを示唆しています。

私の娘が幼いころ、出張のお土産に「かわいいお菓子を買ってきて」と言われ、探すのに苦労したことがあります。土産物売り場には、若い女性向けのかわいいパッケージのお菓子は多いのですが、それは幼い子の考えるかわいいものではありません。結局、近くのスーパーで子ども向けの（動物のイラストがついているような）お菓子を買って帰りました。何をかわいいと感じるかは、人によって違うことに気づいた貴重な体験でした。

九州大学の實藤《さねふじ》たち（二〇〇七）は、五六名の大学生に、五名の子ども（男児三名、女児二名）の生後三～二四ヶ月（三ヶ月きざみで八枚）の写真を見せて、見た目のかわいさの順に一位から八位まで順位をつけてもらいました。そして上位（一～四位）は一点、下位（五～八位）は〇点というように採点しました。すると、三ヶ月と六ヶ月の子どもの写真に対して偶然を超える人数がかわいいと評価しました（九ヶ月では差がありませんでした）。また、一八ヶ月と二一ヶ月の顔はかわいさの得点が低くなりました。実験2で、四八名の保育園児（平均五歳）

に同じことをしてもらったところ、生後三ヶ月でかわいさが高く、一八ヶ月で低くなりました。根ケ山（一九九七）のように新生児の写真を使っていないので、保育園児と大学生の違いははっきりしませんでした。なお、この研究では、チンパンジーやウサギ、犬、猫の写真についても評定してもらっています。評定者間で一貫して好まれる年齢があり、その傾向は大学生と保育園児で似ていました。

カナダ・ブロック大学のヴォルクたちの研究（二〇〇七）では、合わせて一二名の白人の子どもの六ヶ月から六歳までの顔写真を使い、心理学専攻の大学生とそれ以外の一般人に、親代わりに育ててみたいか、かわいいと思うかなどを尋ねました。二つの実験で合わせて二〇〇余名の回答を得ました。大学生、一般人ともに生後六ヶ月で最もかわいさの得点が高くなり、年齢が高くなるほど下がりました。かわいさの得点と親代わりに育てたいという得点は強く関連していました。

これらの知見を総合すると、幼さとかわいさには逆U字型の関係があるといえます。これを最初に明示したのは、フランクリンとヴォルク（二〇一八）です。最新の知見によれば、おとなにとって、人間の幼児顔の見た目のかわいさ（cuteness）は、生後六ヶ月でピークを迎えると言えます。ある程度までは幼いほどかわいさが増しますが、それよりも幼くなるとかわいさは減ります。この結果は、先ほど紹介した私たちの研究結果（図4-3）と似ています。最も養育が必要な時期に見た目がかわいくないというのは、ベビースキーマが養育行動と関連しているという説とは矛盾します。この謎については、第五章で改めて取り上げます。

表情の効果

ちなみに、赤ちゃんは笑っている方が、無表情や泣いているときよりも、かわいいと評価されます。しかし、その程度はわずかであり、かわいさの評定値は元の顔の造りに大きく左右されるという知見があります。ヒルデブラントとフィッツジェラルド（一九八三）は、五五名の大学生に、二四名の幼児（生後三〜一三ヶ月）のポジティブ顔（笑顔や楽しそうな顔）、無表情顔、ネガティブ顔（泣き顔や怒った顔）を見せ、そのかわいさを一点から九点まで評定してもらいました。すると、笑っている顔（四・九〇点）は、無表情の顔（四・五五点）や不機嫌な顔（四・一四点）よりもかわいいと評価されました。同じ幼児の中での表情による得点差は平均〇・七六点、最大で二・一七点でした。ところが、表情の違いをすべて混ぜて幼児ごとに得点を求めたところ、最もかわいさが高い幼児と低い幼児の得点差は三・五六点でした。つまり、「かわいくない子が笑っても、かわいい子が泣いているのにかなわなかった」ということです。かわいさ得点のばらつき（分散）のうち、元の顔（その子らしさ）で説明できた割合は五七%、表情で説明できたのは九%だったと報告されています。

身も蓋もありませんが、英語のcutenessは幼児の見た目の身体的魅力のことなので、これは仕方がありません。同じことは、おとなの化粧についても言えます。化粧するのは魅力的に見えるようにするためです。ジョーンズとクレーマー（二〇一五）は、イギリスの四四名の女子大学生をモデルとして、素顔と自分で化粧したときの顔を撮影しました。その写真を、六二名の評定者に見せ、魅力度を一点（とても魅力的でない）から七点（とても魅力的である）まで答えてもらいました。モデル一人につき、素顔と化粧顔のどちらか一方だけを評定したので、それぞれの評定者は四四回答えました。魅力度の得点はさまざまでしたが、そのばらつき（分散）のうち、化粧によって説明できたのはたった二％であり、六九％は元の顔（その人らしさ）で説明されました。同じ著者たちがその翌年に発表した論文では、ユーチューブ・モデル（三三名）とファッションショーに出演するスーパーモデル（四五名）の顔について、化粧前とプロに化粧してもらったあとの顔の魅力を、前の実験と同じ方法で調べました。すると、魅力度の分散のうち、化粧で説明できたのは、ユーチューブ・モデルでは三三％、スーパーモデルでは二五％でした。プロに化粧してもらっても、やはり元の顔で説明できる割合（それぞれ四五％と四三％）の方が大きいという結果でした。

やっぱり元の顔かと、がっかりする人がいるかもしれません。でも、化粧によって魅力が高まるのは確かです。プロに化粧してもらった場合、もともと魅力の高い人では化粧の効果は小さく、そうでない人ほど化粧の効果が大きいという結果が得られています。先日亡くなられた樹木希林さんが出演していたCMに、「美しい人はより美しく、そうでない方はそれなりに」という有名なコピーがあります。化粧に関してはその逆で、「美しい人はそれなりに、そうでない方はより美しく」なるということです。土台の良し悪しはすぐには変えられないとしても、その差を縮める技術があるというのは救いのある話です。

アメリカのマイヤーたち（二〇一〇）は、初対面のおとなの顔の魅力は、どのくらい笑顔であるかよりも、どのくらい身だしなみがよいか（服装や髪形）に関係するという研究を発表しています。身だしなみと笑顔の相乗効果についてはは調べていませんが、直感的には、身だしなみがよくて笑顔だとさらに魅力は高くなりそうです。このような見た目を変える努力が「かわいい」とどう関係するかについては、第五章で述べます。

幼さと関係しないかわいさ

幼いものがいつもかわいいと感じられるわけではないと書きました。この点をさらに検討するために、当時学部生だった井原なみはさんと私は、二〇一〇年に次のような調査を行いました。「かわいい」と呼ばれることのある言葉（単語や語句）を、インターネットや雑誌、インタビューなどから三〇〇近く集め、それを九三項目に整理しました。その一部を図4－4に示します。赤ちゃんや子犬・子猫といった定番から、マカロンや人体模型といった変わったものまであります。この九三項目について、男女大学生一六六名を対象に調査を行いました。半数（八四名）にはそれぞれの項目を「かわいい」と感じるか、残りの半数（八二名）にはそれぞれの項目を「幼い」と感じるか、それぞれ一点（まったくそう思わない）から五点（とてもそう思う）までの得点をつけてもらいました。項目ごとに得点を平均すると、九三項目それぞれについて、かわいさ何点、幼さ何点という形で表現できます。

図４－５に、その結果を示します。それぞれの点が九三の各項目を示します。グラフの中で上の方にある点はかわいさの得点が高く、右の方にある点は幼さの得点が高い項目です。全体として、右上がりの分布をしていますから、幼さが高いほどかわいさも高いという関係が認められます。男女ごとに分析しても同じような結果が得られました。女性はかわいさの得点を男性よりも高くつけましたが、幼さの評価には性差がありませんでした。この結果も、かわいさと幼さが異なる概念であることを示しています。項目の順序は男女間で類似して

花	子ども	ハムスター
犬	ハート	ぬいぐるみ
猫	リボン	一生懸命な人
笑顔	ピンク	アクセサリー
水玉	赤ちゃん	動物の赤ちゃん
女性	マカロン	パステルカラー

など、全部で93項目

図 4-4　かわいいと思いますか、幼いと思いますか？
井原・入戸野（2011）より作成。

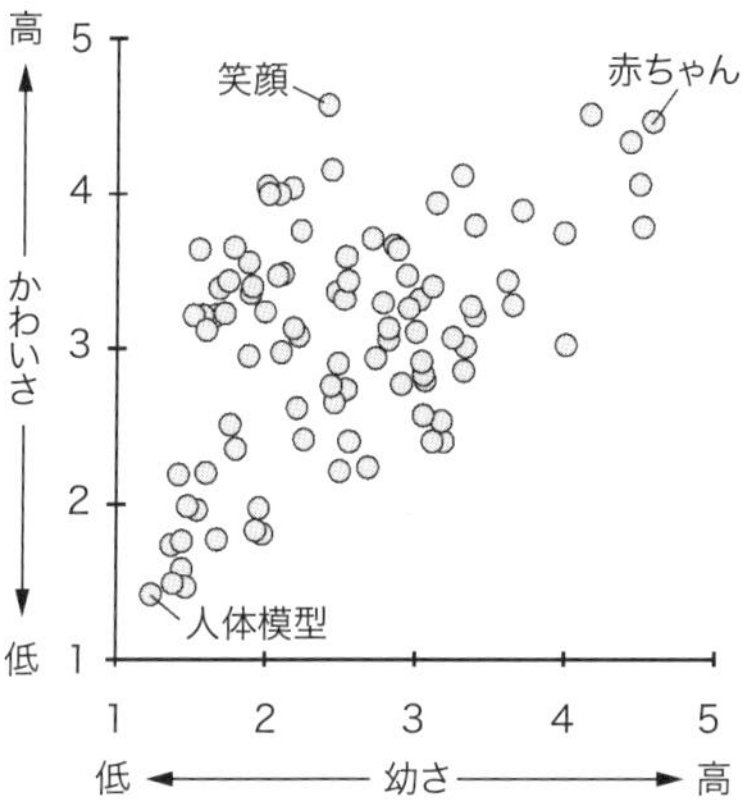

図 4-5　かわいさと幼さの関係
井原・入戸野（2011）より作成。

いました。

さて、このような九三項目のなかで最もかわいさの得点が高かったのは何でしょうか。かわいいものの代表である赤ちゃんや小動物でしょうか。実は、意外なものが男女ともに一位になりました。それは「笑顔」です。五点満点中、男性が四・四三点、女性が四・七三点でした。「赤ちゃん」は男性では二位（四・三六点）、女性では四位（四・五八点）でした。「笑顔」は、図4－5のグラフでは左上にあります。わずかな差ですから、もう一度調査したら一位ではなくなるかもしれません。それでも、幼さの得点が低くてもかわいいものがあるという結果は、興味深いものでした。

この調査からもう一つ分かったことがあります。ここで取り上げた項目は、誰かがどこかで「かわいい」と呼んでいたものです。「人体模型」はふつうかわいいものではないので、言葉だけを見れば、かわいさの得点は低くなります。しかし、「かわいい人体模型」を想像してみることはできます。このように、かわいいと感じるかどうかは、対象の性質だけでなく、状況や人によって変わる余地があるのです。

◆この章のまとめ◆

この章では、ベビースキーマから出発して、幼さとかわいさは異なる概念であることを示しました。顔の見た目のかわいさについての研究が多いので、「かわいい」はやっぱり見た目かと思う人がいるかもしれません。それは半分は本当です。人間の知覚は、進化の過程で生物としての制約を受けています。自分の意志で完全に好きなように決めることはできません。その一方で、同じ対象であっても、かわいいと感じる人も感じない人もいます。また、それまでかわいいと思っていた人やモノが急にかわいいと感じられなくなることもあります。このような心の仕組みを理解するには、対象の性質としての「かわいさ」とは違う説明が必要になります。

次の章では、「かわいい」を感情として捉える見方について紹介します。

コラム4

科学と個人

一九七三年のノーベル医学生理学賞をローレンツとともに受賞したのは、オーストリアのカール・フォン・フリッシュとオランダのニコラス・ティンバーゲンでした。授賞理由は「個体と社会の行動パターンの組織化と誘発に関する発見」です。[10] この三人にはナチスに支配された時代を対立する立場で過ごしました。

フォン・フリッシュは、一八八六年にウィーンで生まれ、一九二五年からドイツのミュンヘン大学で動物学の教授を務めます。彼の業績で最も有名なのは、「ミツバチの言語」を見つけたことです。ミツバチは、尻を振りながら円形を描いて飛ぶことで、仲間のハチに餌（花の蜜）の方向と距離を教えているという話はどこかで聞いたことがあるでしょう。ナチスが勢力を伸ばし、ヒトラーが政権をとった直後の一九三三年、公務員はすべてアーリア人でなければならないという法律が成立します。フォン・フリッシュは、母方の祖母の出自を証明できなかったため、政権に近い学生や教員から解雇を要求する声が高まりました。ユダヤ人の助手を複数雇っていたことも、ポーランド人研究者を収容所から救うために努力したことも疎まれる原因となりました。ナチスだった教員の証言によって、一九四一年一月、フリッシュは、祖母がユダヤ人である「四分の一ユダヤ人」と認定され、教育省から大学を辞職するように求められます。

しかし、彼を支援する国内外の研究者の嘆願や、彼が始めていたミツバチの感染症についての研究が食料政策に重要であるという提案を受けて、一九四二年七月に教育大臣の決定により、戦争が終わるまで辞職は延期されることになりました。

ティンバーゲンは、一九〇七年にオランダのハーグで生まれ、ライデン大学で動物行動学を学び、そこで教鞭《きょうべん》をとります。一九四〇年にドイツ軍がオランダを占領したあと、大学からユダヤ人や反ナチスの教授を一人また一人と追放していくのに反抗して、六〇名の同僚とともに大学を退職します。その結果、反乱分子とみなされ、一九四二年に捕虜収容所に送られます。収容所の中でも動物社会学の小冊子や子ども向けの絵本（もとは自分の子どもに手紙として送りました）を書きます。一九四四年の秋に解放されたあとは、地下武装組織に情報を流すスパイとしても活動します。

ティンバーゲンが一九四五年六月にアメリカの鳥類学者マーガレット・ニースに送った手紙では、ローレンツについてこう書いています。「ドイツの研究者については何も知らない。ローレンツは一九四一年から軍隊で軍事心理学の部署にいた。彼はかなりナチにかぶれていたが、正直でいいやつだといつも思っていた。でも、僕には、彼やその国の人たちともう一度連絡を取るのは無理だ、つまり心理学的に無理なんだ。魂の傷は癒さないといけないし、それには時

---

10 https://www.nobelprize.org/prizes/medicine/1973/summary/

間がかかる」。ちなみに、この手紙には日本という単語も出てきます。「国内の復興も、日本に対する戦争の負担もとても重い」。私たちにとっては悲しい過去です。

ローレンツは、一九四四年四月、前線を経験するためにソビエト連邦に移動しますが、同年六月に捕虜となります。一九四八年に解放されて、故郷のオーストリア・アルテンベルクに戻ります。経歴に関しては批判もありましたが、科学者としての能力は高く、仲間に愛される人柄であったようです。国内外の研究者に推薦され、一九五〇年代以降はドイツのマックスプランク研究所で働くことになります。真摯に科学を追及している人たちの間には、思想・信条の違いを超えて、ある種の絆が生まれるのです。

科学的な知見は、個人の思想や信条によって正誤が決まるわけではありません。いかに「邪悪な人」が言っても正しいことは正しいし、いかに「善良な人」が言っても間違っていることは間違っています。科学において、アイデアは個人が提起しますが、その質は集団の中で精査されるからです。そうは言っても、ある科学者が提案する考えが受け入れられるかどうかは、その人の個人的魅力にも左右されます。科学という営みの人間臭い部分です。

第五章

感情としての「かわいい」

いろいろな「かわいい」に共通するもの

幼いもの以外にもかわいいものはあります。赤ちゃんも、笑顔も、洋服もアクセサリーもみんなかわいいとすると、それらに共通する要因はいったい何なのでしょうか。

井原なみはさんと私は、二〇一一年に、便宜的に四つの「かわいい」カテゴリーを設定しました。ベビースキーマ（赤ちゃん、子ども、小動物など）、ヒト（笑顔、元気で明るい人、自分を慕ってくる人など）、モノ（花、アクセサリー、洋菓子など）、独自（多くの人に理解してもらえないとしても、自分にとっては「かわいい」と思えるもの。例：とかげ、きのこなど）の四つです。カテゴリー名は示さず、そこに含まれる対象の例を示して、それを鮮明にイメージしてもらいました。そして、具体的に何を思い浮かべたかを記述してもらい、どのくらい鮮明にイメージできたかも答えてもらいました。その後、思い浮かべたものの印象について六つの

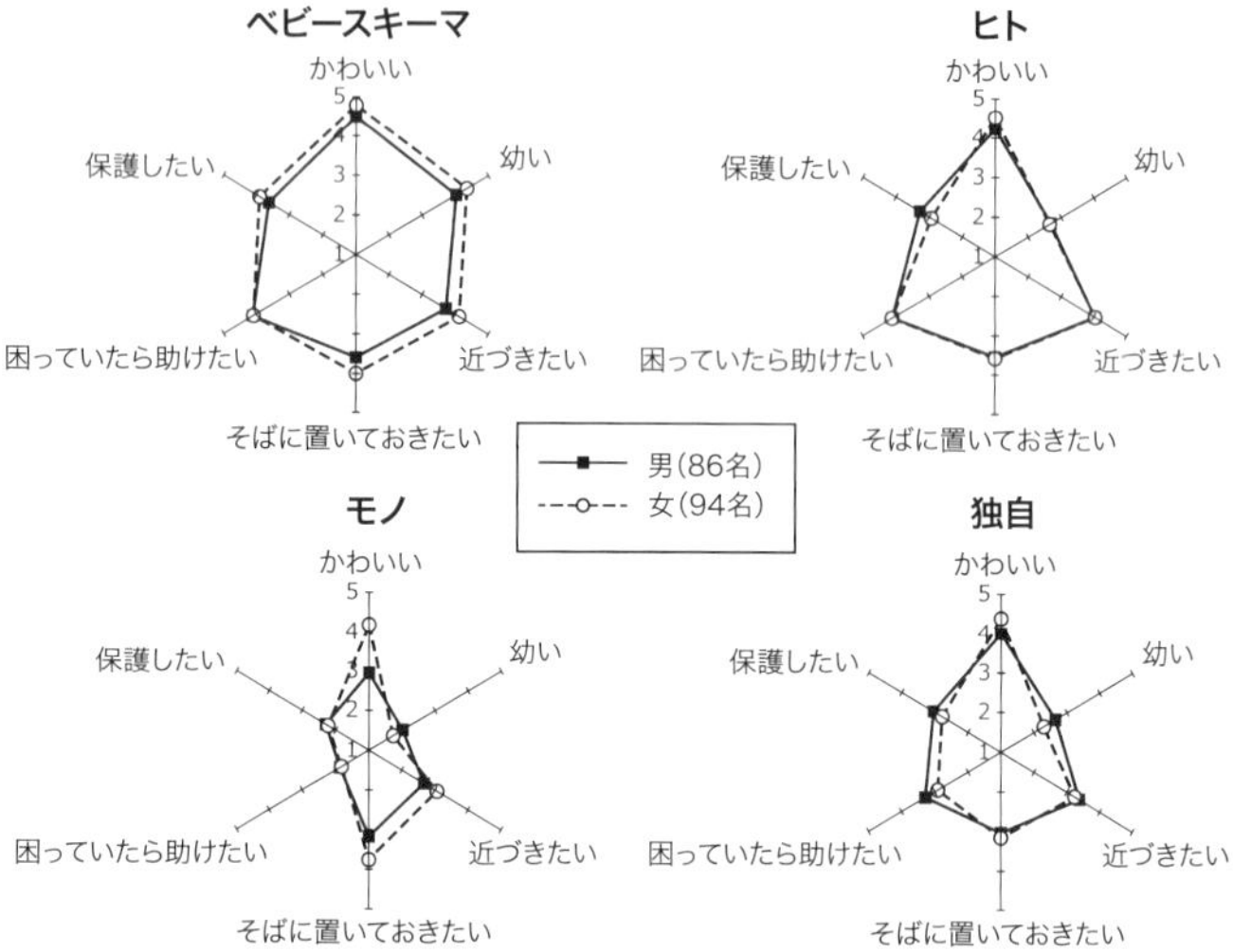

図 5-1　種類の異なるかわいいものに出会ったときの心理状態

井原・入戸野（2012）より作成。

質問（「かわいい」「幼い」「近づきたい」「そばに置いておきたい」「困っていたら助けたい」「保護したい」）にそれぞれ1（まったくそう思わない）から5（とてもそう思う）で回答してもらいました。まったくイメージできなかったと答えた人や異なるカテゴリーに属するものを記述した人を除いて、大学生一八〇名を分析対象としました。

その結果を図5－1に示します。六つの質問の平均値をグラフに示しています。一見して分かるとおり、対象によって心理状態（グラフの形）は異なります。ベビースキーマに対する反応は、すべての項目の得点が高く、男性よりも女性の平均値が高くなっています。ヒトに対する反応は、幼さが低いという特徴があり、性差がほとんど見られません。モノに対する反応は、幼さだけでなく、保護したい、困っていたら助けたいという得点が低く、「かわいい」の得点が男性よりも女性でずっと高くなっています。独自のものに対する反応は、ヒトに対する反応と似ていますが、男性の方が女性よりも全体に値が高い傾向があります。

このように、出会ったときの心理状態は対象によって異なりました。人間とモノに対する気持ちが違うのは当然のことです。それでもみな「かわいい」と呼ばれるのはなぜでしょうか。かわいいという気持ちの強さに関連する項目を、偏相関分析という方法で探ってみました。質問した六つの項目はそれぞれ互いに関連しています。そこで、他の項目の影響を統計的に取り除いて、「かわいい」の得点と残りの五つの項目それぞれの得点との関連を調べてみました（表5－1）。すると、すべての対象について、「かわいい」の得点は、「近づきたい」「そばに置いておきたい」という項目の得点と関連がありました。しかし、「困っていたら助けたい」「保護したい」という項目の得点とは関連がなく、また、「幼い」の得点とも関連がありませんでした。モノに対するかわいい気持ちが「そばに置いておきたい」と関係することを除けば、「近づきたい」がかわいい気持ちに最も関係する項目でした。ベビースキーマに対するかわいい気持ちであっても、助けたいとか保護したいという項目ではなく、近づきたいという項目に関連していました。これは、「かわいいと感じるのは対象を養育・保護するため」という考え方に反しています。

表 5-1 「かわいい」の得点と関連する質問項目（偏相関係数）

	質問項目				
	幼い	近づきたい	そばに置いておきたい	困っていたら助けたい	保護したい
ベビースキーマ	.17	**.28***	.04	.11	.04
ヒト	.21†	**.35***	−.05	−.01	−.09
モノ	.22†	.13	**.30***	.04	−.11
独自	.11	**.27***	.13	.08	−.11

Note: 自由度は 174。　　*$p<.001$、†$p<.01$

井原・入戸野（2012）より作成。

まとめると、「かわいい」は、養育や保護というよりも、「接近動機づけ」に関連すると言えます。「動機づけ（motivation）」とは、心理学では、行動を生じさせ方向づける過程を指します。ある行動が生じるためには、押し出す力と引きつける力の両方が必要です。人間の内側に動こうとする力（動機または動因）があり、外側に引きつける力（誘因）があると、行動が起こります。内と外の両方の要因が必要なのです。空腹を感じても食べ物がなければ食べるという行動は起こりません。また、食べ物が目の前にあっても満腹であれば食べません。生物の基本的な性質として、対象に接近しようという行動傾向と、回避しようという行動傾向がありま す。大まかに言えば、自分にとって益になるものには近づこうとし、害になるものは避けようとすることで、生物は生き延びてきました。この二つの行動傾向のうち、「かわいい」は対象に接近しようとする動機づけに関連しています。

「かわいい」を感情と捉える

赤ちゃんや子犬・子猫はかわいいものの代表ですが、そうは思わない人もいます。人によって違うので、「かわいい」の定義を対象の性質に求めることはできません。しかし、私たちは、日常生活で出会う具体的な人・モノを通じて「かわいい」という気持ちを体験できます。そこからスタートするほうが「かわいい」の正体に迫れるのではないかと考えました。

もし「かわいい」が感情であるとすれば、現代心理学の理論に基づいて、次の二つのことが言えます。一つは、「かわいい」は「認知的評価(cognitive appraisal)」によって生じるということ、もう一つは、「かわいい」は主観的・行動的・生理的な変化として現れてくるということです。

認知的評価というのは、自分にとっての対象の意味を意識的・無意識的に考えることです。感情というのは、刺激によって反射的に引き起こされるものではありません。必ず「評価」という過程を含んでいます。それは意識されることもあれば無意識に起こることもあります。評価が無意識のときは「反射的に」感情が生じたように見えますが、実際は違います。例えば、怒りという感情があります。ずるい人や思い通りにいかない場面に出会うと、瞬間的に怒りがこみあげてくることがあるでしょう。でも、怒りを感じる前には隠れた評価過程があります。その証拠に、自分は怒り心頭でも、隣にいる友人は冷静な反応を示すことがあるからです。評価は外部で決まるのではなく、その人の内部で起こります。そう考えると、「かわいい」が個人的で状況に依存することを説明できます。他の例として、性的指向があります。世の中には、異性愛者も同性愛者もいます。しかし、愛する対象が違うだけで、人を好きになる気持ち、愛される喜びは似ているはずです。

もう一つは、「かわいい」が感情であるなら、それは抽象的で形而上的なものではなく、主観・行動・生理反応の変化として観察可能な形で現れてくるということです。心のそれぞれの側面については、コラム2をご覧ください。「かわいい」を感情と捉えることで、「かわいい」とは何かを概念的に論じるだけはなく、「かわいい」と感じている状態を実証的に研究できるのです。

かわいさと「かわいい」感情は違う

「かわいい」に関するこれまでの科学的な研究を丁寧に調べていくと、大きく分けて二つの流れがあることが分かります。一つは、対象のかわいさ（cuteness）を知覚・弁別させるもの、もう一つは、「かわいい」という感情を扱ったものです。

「かわいい」の研究で混乱が生じる大きな原因は、この二つが明確に区別されてこなかったことです。その理由として、第一章で述べたような言葉の問題があります。科学の世界の共通語である英語には、対象の属性である「かわいさ」を表す言葉はあっても、かわいいものに出会ったときの感情を表す適切な言葉がありません。そのため、あいまいさを残したまま、この分野の研究は進んできました。

例えば、第三章の図3－5に示した、かわいさが高い赤ちゃんと低い赤ちゃんの合成顔を見てください（67ページ）。比べてみると、確かに右側の顔が「かわいい」ことは分かります。でも、だからといって「かわいい！」という感情が起こるとはかぎりません。また、かわいさが低い赤ちゃんの顔だけを見せても「かわいい！」と感じる人はいるでしょう。

ローレンツが提案したベビースキーマは、もともとは「かわいい」感情を扱っていました。人間の赤ちゃんにも含まれるある種の物理的特徴に対して、特定の感情や行動パターンが生じると述べたわけです。このニュアンスに沿って感情反応に注目した研究（例えばヒュックシュテットやアラゴンたちの研究）もあります。この感情は、英語では tenderness や tender feelings（やさしい気持ち）と呼ばれることがあります。古くは一八七二年にダーウィンが『人および動物の表情について』のなかで使っています。[11] しかし、その後に行われたほとんどの研究では、感情反応ではなく、ベビースキーマの要素、つまり対象が持つ見た目の「かわいさ（cuteness）」とその知覚を扱うようになります。このような研究では、cuteness は「幼児の身体的魅力」と定義されました。

これに対して、日本で行われた「かわいい」の研究では、ベビースキーマ以外の要因が「か

11 http://darwin-online.org.uk/EditorialIntroductions/Freeman_TheExpressionoftheEmotions.html

わいい」に関連していることが示されています。例えば、荒川（一九八四）は、一般人や大学生に子どもの写真を見せてその印象を自由に語ってもらうと、子どもの表情や性質、情緒的な印象を語ることが多く、ベビースキーマの要素について直接言及することは少なかったと報告しています。動画を使って子どものかわいさを尋ねた小山たち（二〇〇六）は、身体的な見た目のかわいさよりも、子どもらしいふるまい（はいはいする、恥ずかしそうに隠れるなど）の方が、かわいさの評価に関係していたと述べています。日本語の「かわいい」は、属性形容詞であるとともに、もともと感情形容詞であることが、これらの結果に反映されています（16ページの「辞書による定義」を参照）。

　以上のことから、「かわいい」にまつわるさまざまな謎は、「かわいい」を感情として捉えることで解決できそうです。このアイデアは新しいものではありません。例えば、認知科学者の戸田正直氏は、一九八六年に発表した記事『ロボットと感情』の中で、「『可愛いい《ママ》』というのは感情の働きの中の認知的側面」（665ページ）と書いています。勘の鋭い人なら、心理現象の本質を直感的につかむことができます。しかし、実験心理学の本領は、それを具体的なデータとして誰にでも分かるように示すことです。

　本書では、対象の「かわいさ」（とその知覚）と、見る人の側で生じる「かわいい」感情とを区別して考えます。私の知るかぎり、この点が明確に指摘されることはありませんでした。「かわいいんだけど、かわいくない」とか「かわいくないけど、かわいい」という矛盾した表現

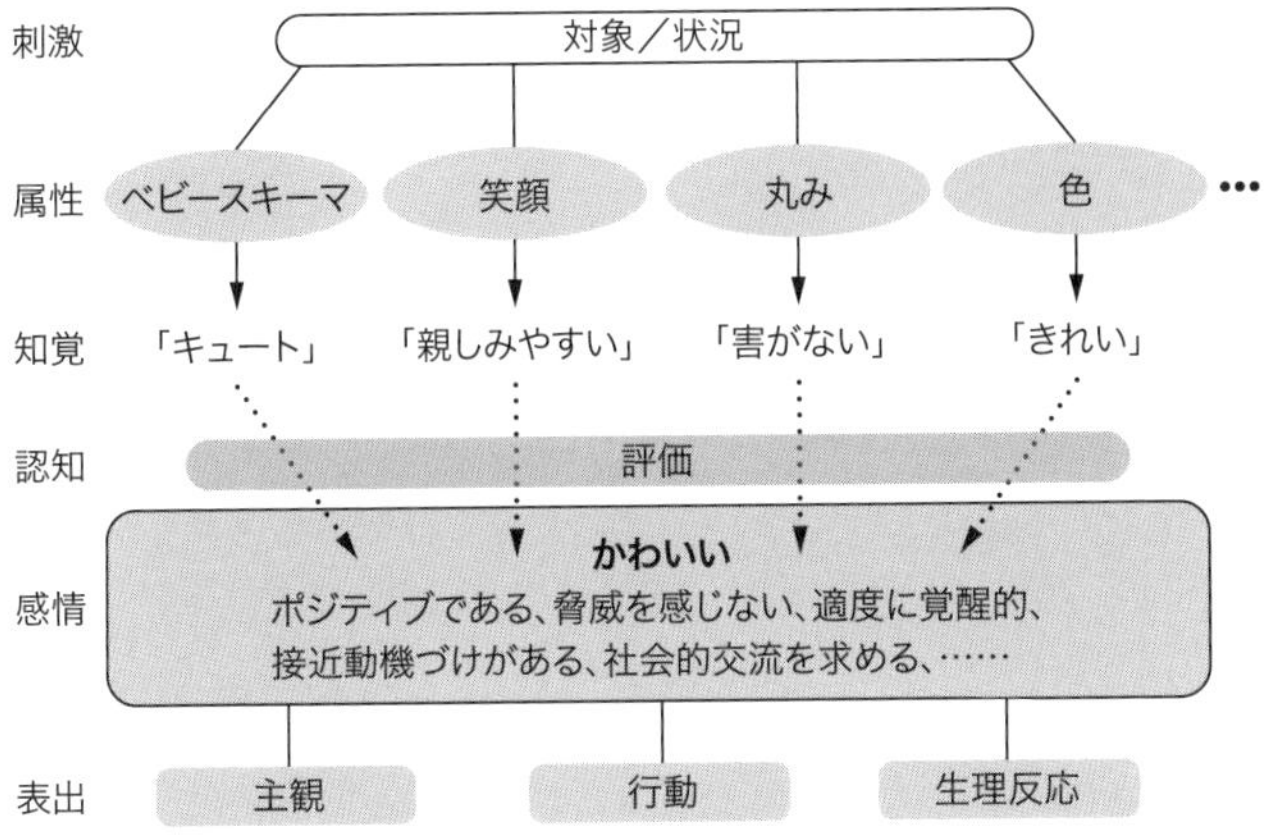

図 5-2　「かわいい」感情のモデル
Nittono（2016）より作成。

は、「かわいさ」と「かわいい」感情を区別することで説明できます。

「かわいい」感情のモデル

このような視点から、過去の研究を整理し、「かわいい」を感情として捉えたモデルを、図5-2に示します。このモデルでは、「かわいい」感情は、ポジティブであり、脅威を感じず、適度に覚醒的で、対象に近づいて対象を見守りたいと思う接近動機づけを伴い、社会的交流を求めるという特徴があると考えています。

この図にはいくつか重要なポイントがあります。一つ目は、「かわいさ（の要素）を知覚すること」と「かわいいと感じること」を分けていることです。その間には認知的評価の過程があります。二つ目は、「かわいい」感情を引き起こす要素として、ベビースキーマ以外に笑顔や丸み、色といった属性を考えていることです。三つ目は、「かわいい」感情は、主観・行動・生理反応という形で表出されるということです。

かわいい形

このモデルを説明するために、ベビースキーマ以外で、かわいいと感じる刺激の属性について、まず考えてみます。笑顔についてはすでに述べたので、次は「丸さ」です。ベビースキーマにも含まれますが、ここでは赤ちゃんとは直接関係しないモノの丸さについて考えます。

ハーバード大学医学大学院のバーとナタ（二〇〇六）は、一四名の大学生に、さまざまなモノクロ画像を約〇・一秒間ずつ提示しました。参加者は、その画像に対する直感的な印象を、良い（好き）か悪い（嫌い）かの二択でボタンを押して答えました。すると、モノであっても、パターンであっても、丸い形が尖った形よりも好まれました。平均すると、好きだと答えられたのは、丸いモノが六七％、尖ったモノが五一％、丸いパターンが三八％、尖ったパターンが二五％でした。次の実験（二〇〇七）では、一六名の大学生が似たような課題を行っているときの脳活動をｆＭＲＩ（76ページ参照）で調べました。課題中は、やはり丸い形が尖った形よりも好まれました。丸いモノは六三％が好きだと判断され（尖ったモノは四七％）、丸いパターンは三五％が好きだと判断されました（尖ったパターンは二四％）。丸い形に比べて、尖った形には、脳深部にある扁桃体がより強く賦活しました。扁桃体は、恐怖や興奮を引き起こす刺激を処理することが知られています。バーとナタは、尖った形状は潜在的な脅威として知覚されるために、好まれないのだと提案しています。

その後の研究では、尖っている形が嫌われるのではなく、丸い形そのものが好まれることも示されています。リバプール大学のベルタミニたち（二〇一六）は、曲線で描かれたパターンの方が、角のない直線で描かれたパターンよりも、好かれることを示すとともに、接近―回避の行動傾向を調べる課題（マネキン課題）を用いて、丸い形には近づきやすく離れにくいが、尖った形にはどちらの行動反応にも差がないことを示しました。同じチームのパルンボたち（二〇一五）は、この知見を追試するとともに、丸い形は、尖った形に比べて、安全・快・女性といった概念と意味的に結びついていることを示しています。

丸い形状は、脅威を感じさせず安心を与えることから、かわいいと感じる手がかりになると考えられます。ベビースキーマにも、丸みを持つぽっちゃりした頬という要素がありますが、これは顔にかぎらず、かわいいと感じられる一般的な見た目の特徴なのかもしれません。

かわいい色

かわいいと感じられる次の属性は色です。色にもかわいい色とそうでない色があります。株式会社日本カラーデザイン研究所に勤めていた清澤雄さんは、日本の若い女性を対象に、かわいい色についての調査を行いました。二〇一二年二月に、首都圏と京阪神地区に住む大学生、二〇代、三〇代の女性各一二〇名（計三六〇名）を対象に、インターネットで回答を求めました。ここでは一部のデータだけを紹介します。四八種類の単色に対して、「かわいいと感じる色」と「好きな色」を、それぞれ複数選択可で答えてもらったところ、「かわいいと感じる色」として回答者の半数以上に選ばれたのは、ピンク系の三色（ベビーピンク、ピンク、コーラル）だけでした。これらの色は、どの年代でも上位三位に入っていました。その次に、アプリコットやペパーミントといったパステルカラーが続きます。一方、「好きな色」は、「かわいいと感じる色」よりも個人差が大きく、一貫性がありませんでした。ピンク系の色は「好きな色」の上位にあるのですが、全体の四〇％を超える人に共通した「好きな色」は一つもありませんでした。特に興味深いのは「黒」です。黒をかわいいと感じると答えた人はほとんどいませんでしたが、全体の約二五％が好きと答えました。

確かに、ピンク系の色は、多くの若い女性にかわいいと感じられ、好かれる色です。しかし、かわいいと感じるからといって、常に好かれるわけではありません。ベビーピンクは六〇％近くの人がかわいいと感じる色として選びましたが、ベビーピンクを好きだと答えた人は三三％ほどでした。反対に、黒のように、かわいいと感じないが好まれる色もあります。

さらにこの研究では、かわいいと感じる色の組み合わせに基づいて、回答者を六パターンに分類しています。例えば、かわいいと感じる色をピンク系三色の中からしか選ばない人（一一％）、ピンク系を中心にアプリコットやペパーミントなどソフトなパステルカラーを選ぶ人

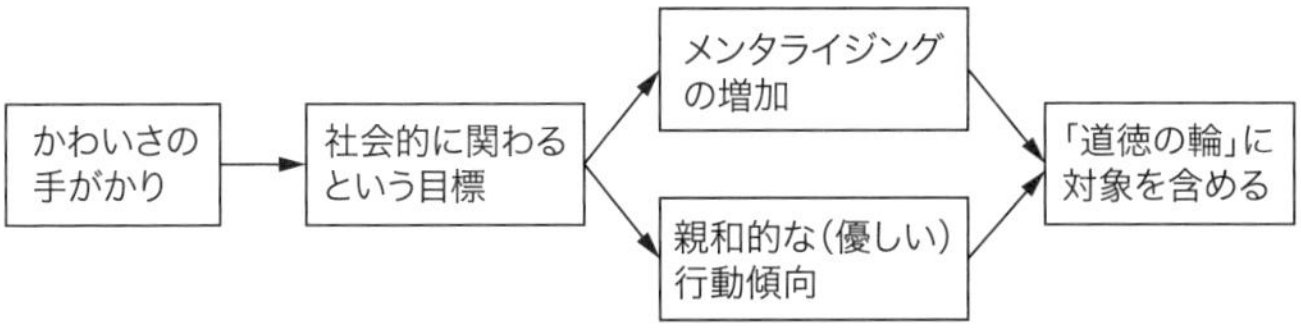

図 5-3　シャーマンとハイトの「かわいさ反応」のモデル
Sherman & Haidt（2011）に基づいて作成。Reprinted by permission of SAGE Publications, Ltd.

（四一％）、ピンク系が中心だがラベンダーやスカイブルーのような青系のポップな色も選ぶ人（二二％）、ピンクというよりオレンジや黄、赤といった彩度の高い暖色を選ぶ人（一〇％）といった具合です。それぞれのグループで、好きな配色や好きな自己イメージ（やさしい人、センスのある人、個性的な人など）が異なることが示されています。

社会性仮説

ヴァージニア大学のシャーマンとハイト（二〇一一）は、かわいいものに出会ったときの反応を「かわいさ反応（cuteness response）」と呼び、そのときに生じる過程を図5‐3のようなモデルで表現しました。かわいさの手がかりに接した人は、その対象に社会的に関わろうとします。それは二つの傾向を生み出します。一つは、メンタライジングが増加することです。「メンタライジング（mentalizing）」とは、相手に心があると認め、その心を理解しようとする心の働きのことです。のちに述べる擬人化にも関係します。もう一つは、親和的に優しくふるまうことです。このように、相手の心を考え、優しく接することで、相手を「道徳の輪」（自分の仲間として、道徳的な配慮が及ぶ範囲）に含めようとします。このモデルによると、かわいさという手がかりの主な機能は、見る人がその対象と社会的に関わるように動機づけることです。そのなかで養育や保護という行動が起こることもあるものの、それが目的ではないと考えています。

シャーマンとハイトは、「かわいい」と感じることの反対として「嫌悪（disgust）」を挙げています。「かわいい」と感じるのは、相手を仲間とみなして、相手との距離を縮めようとする気持ちです。反対に、嫌悪とは、相手との関係を断ち、距離を取りたいという気持ちです。さらに、軽蔑（contempt）を追加してもいいでしょう。相手を見下して突き放そうとする気持ちです。

彼らは、「かわいさ反応」を独自の感情と呼んでよいかについては慎重になっています。感情であると言うためには、複数の身体システムが協働し、独自の主観・行動・生理反応が生じることを実証しないといけないからです。ここには、かわいさに対する感情反応を表す言葉がないという英語の限界（歯がゆさ）が表れています。かわいいもの（cuteness）が感情刺激であるのは確実だと述べているので、何と呼ぶにせよ、「かわいい」と感じることは感情と捉えてよいと私は考えています。

「キモい」と「キモかわいい」の違い

「かわいい」と感じることは接近動機づけに関係しているという考えや、かわいさは社会性を促進させる手がかりであるという考えに基づけば、第一章で述べた「キモい」と「キモかわいい」の違いを説明できます。

「キモい（気持ち悪い）」とは、相手との関係を断ちたいという、嫌悪に近い気持ちを表しています。これに対して、「キモかわいい」とは、「みんなはキモいと言うかもしれないけれど自分は関心があるし近寄ってみたい」という気持ちを表しているのです。「かわいい」という言葉は、ポジティブで社会性のある接近動機づけを表しています。そのため、語尾を「かわいい」にすることで、自分は嫌いではない、拒絶していないという表現になるのです。

若者が「かわいい」という言葉を多用するのは、一つには語彙の不足があるかもしれません。しかし、そこには誰とも仲良くしたいし、誰も傷つけたくないという意図が含まれているように感じます。

「キモかわいい」のような感覚は、日本人にしか分からない気がしますが、海外でも似たような感覚はあるようです。外見は気持ちが悪いが、面白そうで心惹かれるものです。二〇一七年に、アメリカの『ナショナルジオグラフィック』誌の記者から、醜い動物（カエルアンコウやフクラガエルなど）をかわいいと感じるのはなぜかという問い合わせがありました[12]。その説明をするときに、日本には「キモかわいい（creepy cute）」という言葉があるのだと紹介しました。理解してもらえたかどうかは分かりませんが、見た目の気持ち悪い動物に何か惹かれる

12　https://news.nationalgeographic.com/2017/03/animals-ugly-cute-psychology/

感覚は海外でも共通しているのかもしれません。

「かわいい」感情を実験する

本書の冒頭で、私が「かわいい」の研究を始めたきっかけを書きました。学生に対して、「それは面白そうだけど難しいね」という答えをしたあと、手始めに簡単な実験を行いました。かわいい写真とそうでない写真を見たときの主観・行動・生理反応を比べたのです。

さまざまな感情を喚起する写真に対する心理的・生理的な反応を調べる方法は確立されています。その標準的な手続きを使って、かわいい写真に対する反応を測ってみました。実験心理学では、よく分からない新しいものを相手にするときは、よく分かった古い方法を使うのが鉄則です。新しい対象に新しい方法で挑むと、解釈できない結果が得られてしまいます。

かわいい写真（人間や動物の赤ちゃん）、かわいくないが快の写真（風景や食べ物）、感情を引き起こさない中性的な写真（日用品や静物）の三種類のカラー写真各一〇枚を、一六名の大学生・大学院生に見てもらいました。学部生だった田中久美子さんが卒業研究の一環として取り組みました。実験参加者は、同じ写真を二回見ました。最初は、決まった時間（六秒間）だけ提示し、その写真に対する主観評価を求めました（かわいさ、快—不快、沈静—興奮）。すべての写真を提示したら、今度はもう一度好きな時間だけ見てもらいます。ボタンを押すと写真が一枚出てきます。飽きたらボタンを押すと次の写真に進みます。どの写真を長く見てくださ

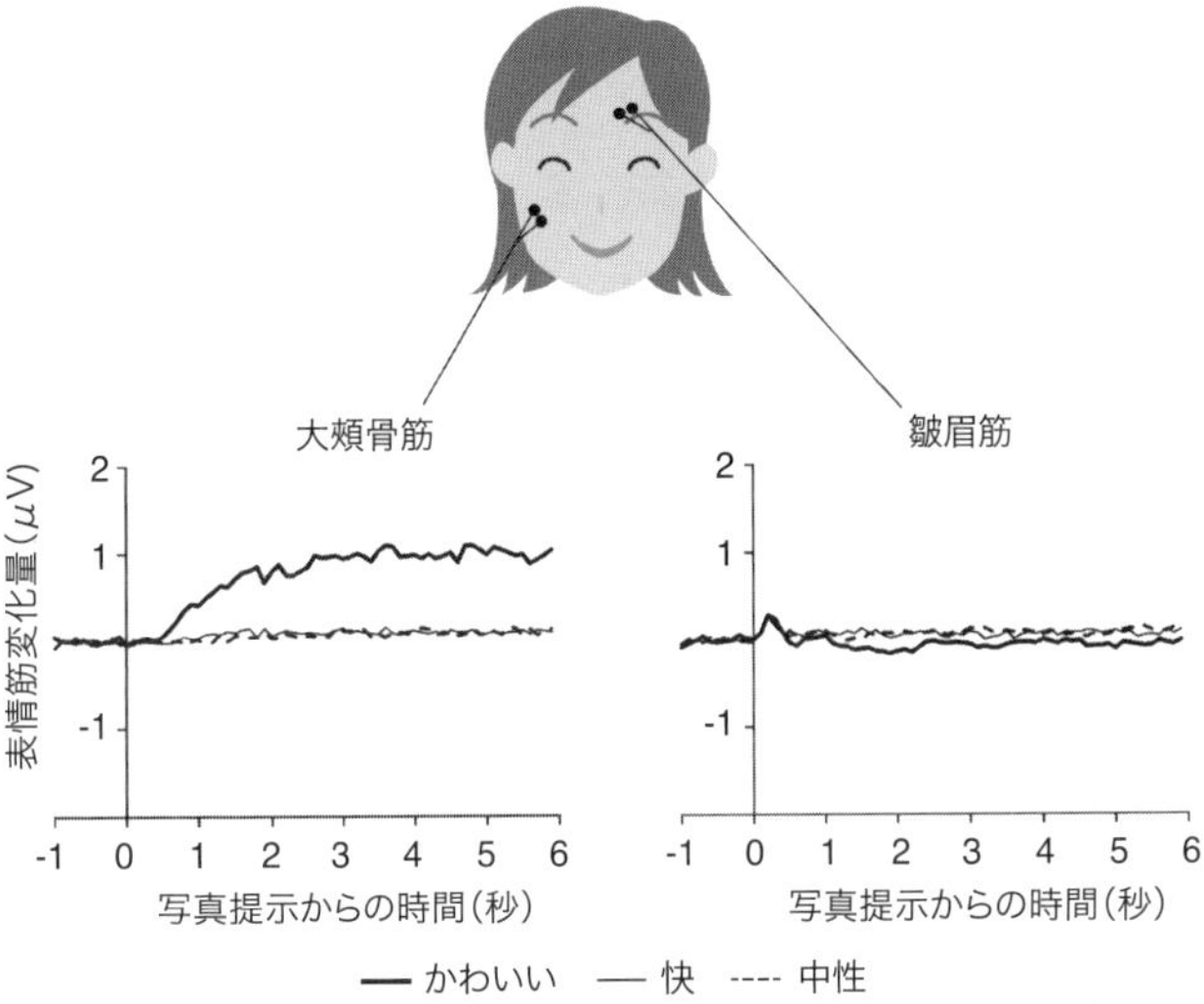

図 5-4　かわいいものを見ると笑顔になる

入戸野（2011）より作成。

いとは言わないので、実験参加者は自分のペースで見ていきます。

このような実験をしたところ、かわいい写真に対する特徴的な反応は三つありました。時系列に沿って説明します。一つ目の反応として、最初に見た瞬間に表情が変化しました。口角を上げて笑顔を作る顔面の筋肉（大頬骨《だいきょうこつ》筋《きん》）の活動が、かわいい写真を見た〇・五秒後から高まりました（図5－4）。この表情筋の変化は、快であってもかわいくない写真や感情を引き起こさない写真には生じませんでした。二つ目の反応として、かわいい写真は快であると評定されました（図5－5）。かわいさ得点の高い写真は快の得点も高くなりました。三つ目の反応として、

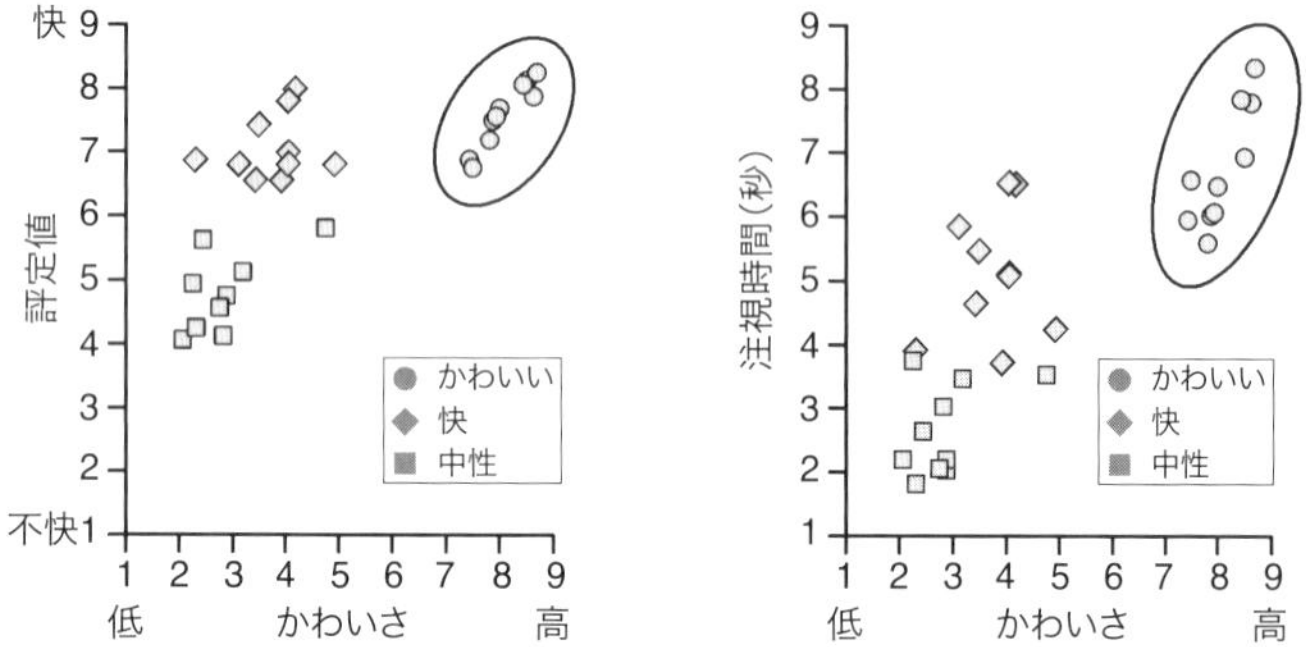

図 5-5　かわいいものは快と評価され、長く見つめられる

入戸野（2011）より作成。

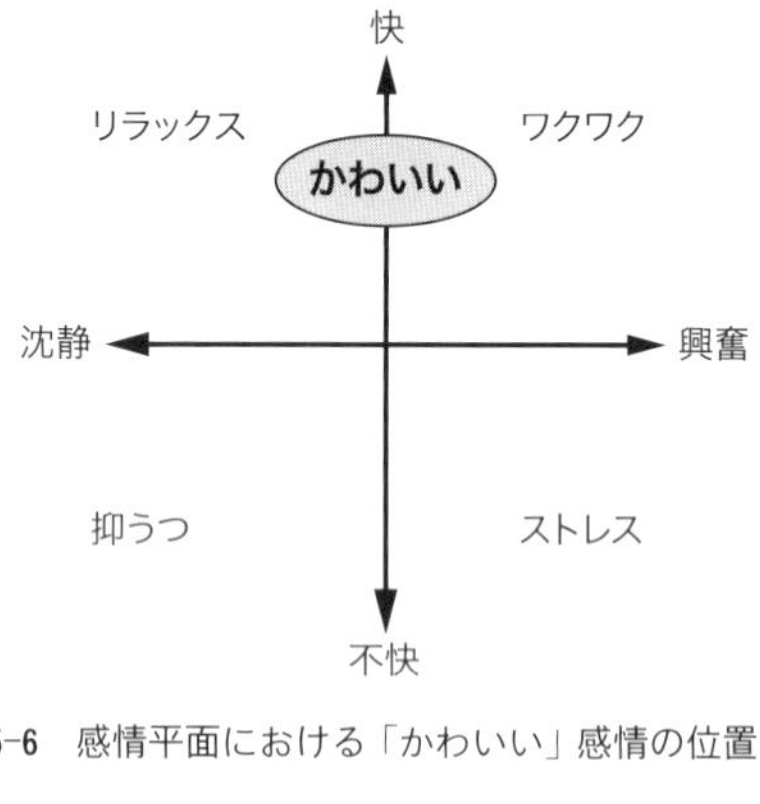

図 5-6　感情平面における「かわいい」感情の位置づけ

かわいい写真は二度目に見るときに長く見つめられました。かわいさ得点の高い写真ほど注視時間が長くなりました。

このような知見に基づき、感情価（快―不快）と覚醒（沈静―興奮）という二つの軸からなる感情平面上に「かわいい」感情を位置づけると、適度に覚醒的な快となります（図5‐6）。かわいい写真を見て非常に興奮するということは、主観評価にも自律神経系（交感神経系）反応にも認められませんでした。動画や実物を見たらもっと強い興奮が生じるかもしれません。あとで紹介するように、我慢できないほどの圧倒されるような「かわいい」という感じを覚える人もいるようです（155ページ）。それでも、ふつうは比較的おだやかな感情だと言えます。

「かわいい」スパイラルと「かわいい」トライアングル

「かわいい」と感じることで笑顔が表出されるのであれば、それは対人関係のなかで増幅されていくと考えられます。笑顔を見ると自分も笑顔になるからです。私はこれを『かわいい』スパイラル」と名づけました（図5‐7左）。若い女性がお互いにキャッキャしながらニコニコしているイメージです。ある人がかわいいと感じて笑顔になると、それを見た人も笑顔になる。さらにそれを見た最初の人はもっと笑顔になる。このような相互作用を想定しています。

これには、表情が模倣されるからという説と、笑顔は快刺激だからという説があります。いずれにしても、笑顔の人の前で笑顔にならないでいるのは難しいことです。

図 5-7　「かわいい」スパイラルと「かわいい」トライアングル
Nittono（2016）より作成。

カナダのヘスとブルジョア（二〇一〇）は、実際の会話場面で、私たちは意外なほど笑顔でいる時間が長いことを報告しました。一八～三〇歳の男女を対象にした実験で、知らない人を二人組にして、過去の出来事を自由に話してもらい、両方から表情筋の活動を測定しました。男性同士のペア四八組、女性同士のペア四八組、異性のペア七二組を分析しました。すると、約三分間の会話中、男女ともに半分以上の時間笑っていることが分かりました。女性は、同性と話しているときは平均七一％、男性と話しているときは平均六六％の時間、笑っていました。男性は、相手の性別に関係なく、五五～五六％の時間笑っていました。また、楽しい内容を話しているときには、二人が笑うタイミングが一致する（相手に伝染する）傾向が高まることが分かりました。

カリフォルニア大学のフリードランド（一九九一）は、誰かといると笑顔が大きくなるという現象を報告しました。約一三分間のビデオ（半分はかわいい動物や赤ちゃん、半分はコメディーショー）を見るときの表情筋（大頬骨筋）の平均活動量は、一人で見るときに比べて、友人と一緒に見るときの方が大きくなりました。また、友人が実際その場にいなくても、別室で同じビデオを見ていると言われると、同じくらい増加しました。似たような現象は、バーチャルリアリティの世界でも起こります。オーストラリアのフィリップたち（二〇一二）は、自分の前に二名の観客が座っているのが見える状態では、他の人が見えないときよりも、ポジティブな写真に対する大頬骨筋の反応が大きくなることを報告しました。表情筋の活動は、誰かと一緒にいるかだけでなく、その相手との関係性や刺激の内容によっても変わります。それでも、笑顔が社会的文脈によって変化することは明らかです。

さらに、私は、このような笑顔のコミュニケーションはモノを媒介としても生じるのではないかと考え、それを『かわいい』トライアングル」と名づけました（図5-7右）。シュタインベルクたち（二〇一四）は、同じモノに仲間と同時に注目すると、注意が高まり、感情が増幅するという説を提唱しています。五つの実験を行っていますが、最後の実験を紹介します。インターネット上の実験に一九八名が参加しました。三三秒間のかわいい子犬のビデオを見たその直後の二分間に、思いつく言葉や考えを一二個まで書き出してもらいました。もしビデオに集中していたら、ビデオの内容に関連した言葉が多くなるはずです。次に、どのくらい楽しくなったかを答え、最後にそのビデオを他の人とオンラインでシェアしたいかを尋ねました。参加者が二人でペアになって同じビデオを同時に見ていると言われた人は、一人で見ているとか時間をずらして見ているとか言われた人に比べて、ビデオの内容をより多く記述しました（平均二二％対一七％）。また、記述内容が増えた人はより楽しいと感じ、オンラインでシェアしたいと答える傾向が高まりました。

同じグループのハジ・モハマディたち（二〇一八）が行った実験室実験では、自分の考えと一致する内容のビデオを二人で同時に見ると、一人ずつ時間をずらして別々に見るときよりも、一緒に見た人を心理的により近く感じるようになったと報告しています。この知見が正しければ、二人ともかわいいと思うものを一緒に見たら、お互いの心理的距離がより縮まることになるでしょう。

今のところ、「かわいい」スパイラルや「かわいい」トライアングルは、アイデアの段階で止まっています。ありそうな話ですが、本当かどうかは、実験によって確かめる必要があります。

「かわいい」と声に出す

第一章で書いたように、「かわいい」と発音すると、「イー」の部分で笑顔を作る筋が活動します。ドイツ・エアフルト大学のラマーたち（二〇一四）は、「イー」と発声しながら見た漫画は、「オー」と発声しながら見た漫画よりも、おかしいと評価されたと報告しています。七四名の大学生の半数が「イー、イー、イー」、残りの半数が「オー、オー、オー」と、一秒間に約一回のペースで声に出しながら、二四枚の漫画のおかしさを一から九の九段階で評定しました。

その結果、「イー」と声に出した場合のおかしさは平均五・六二点、「オー」と声に出した時のおかしさは平均四・八六点でした。九点の中での〇・七六点の差ですから、そんなに違わないようですが、偶然に生じたとしては大きな差でした。「イー」と声に出すと口が横に開かれ、口角が上がり、笑顔を作るときと同じ大頬骨筋が活動します。一方、「オー」と声を出すと、口を丸く尖らせる口輪筋が活動し、大頬骨筋の活動を抑制します。「オー」と言いながら歯を見せて笑うことはできないことからも、このことは体験できます。

表情筋の動きが感情に影響するという考えは、「表情フィードバック仮説」と呼ばれます。一九八八年にストラックたちは有名な論文を発表しました。イリノイ大学の九二名の学部生に、ふだん使わない身体部位を使ってさまざまな課題を行う実験であると告げて、フェルトペン（直径一二ミリ）を縦にして唇を突き出してくわえる（歯はつけない、口輪筋が活動）、前歯でくわえる（唇はつけない、大頬骨筋が活動）、非利き手で持つという三つの群に分けました。その後、紙の上に直線を引く、数字をたどって線をつなぐ、母音と子音がランダムに書かれた中から母音だけに下線を引くといった課題を行ってもらい、最後に、四枚の漫画のおかしさを〇から九の一〇段階で評定してもらいました。

その結果、おかしさの平均評定値は、歯でくわえた人（五・一四点）が、唇でくわえた人（四・三二点）よりも〇・八二点高くなりました。非利き手で持った人（四・七七点）はその中間でした。実験2では、マンハイム大学の八三名の大学生に似たような実験を行い、「漫画の客観的なおかしさ」と「楽しい気持ち」を別々に答えてもらったところ、ペンを歯でくわえることは、客観的なおかしさには影響せず、楽しいという気持ちだけを高めました。

この研究は、心理学の教科書に載るほど有名です。しかし、二〇一六年に出版された論文で、その結果が再現できないことが示されました。アメリカ、イギリス、カナダ、トルコなど八ヶ国で合わせて一七の追試実験が行われ、一八九四名のデータを分析した結果、歯でくわえたときと唇でくわえたときの「楽しい気持ち」の差の平均値はわずか〇・〇三点であり、偶然の域を超えませんでした。

念のために言っておくと、元の論文はねつ造されたのではありません。偶然そういう結果が得られたということです。また、追試に失敗したからといって、表情筋を動かすことが感情に影響しないことが証明されたわけでもありません。ペンをくわえるという論文の手続きに従っても効果がなかったというだけです。ストラック（二〇一六）は、この追試失敗の報告に対して、表情フィードバック仮説を支持する研究は過去五年間で少なくとも二〇は発表されていると述べ、そのリストを示しています。断言はできませんが、状況によっては、表情筋の動きが感情に影響を与える可能性はあるように思います。例えば、楽しいときには、笑顔を我慢するよりも、積極的に笑顔になったほうが楽しい気持ちになり、それが長続きするかもしれません。

ニフィンとシミズ（二〇一六）は、「イー」と発音すると笑顔に似た表情になり、援助行動が促進されるという知見を報告しています。四七名のアメリカの大学生に、外国人名の発音に注ムジー」と読ませたときと、「アカマイ」「トマイ」「ラムザイ」と読ませたときに、その名前が好きか、親友はその名前を好きだと思うか、その名前の人を助けたいと思うかを一点から九点までで答えてもらいました。すると、最後が「イー」の方が「アイ」と発音するよりも好きであり（四・三点対三・二点）、親友も好きだと思い（四・二点対三・四点）、助けたい（五・八点対五・四点）と答えました。その後の自由記述では、「イー」の方が子どもっぽい感じがするが、やわらかくかわいく聞こえるという回答がありました。研究2では、英語の一一種類の母音について一点（とても嫌い）から五点（とても好き）で答えてもらったところ、女性は「イー」という音を好んだと報告しています。音の持つイメージについては、表音象徴（phonetic symbolism）というテーマで一九二〇年代から研究が行われています。「イ」という音は、「ア」や「オ」に比べて、「小さい」イメージがあります。愛称でも、エドワードがエディーになったり、トーマスがトミーになったりします。このような音のイメージも、第二章で述べた「かわいい」という語の印象につながっています。日本語では、「イー」は「良い」を意味するので、もっと印象がよくなるかもしれません。

かわいいと感じるだけでなく、「かわいい」と声に出すことも、「かわいい」スパイラルに影響を与えるはずです。なぜなら、それは目に見える行動だからです。笑顔を作る表情筋を動かすことは、自分の気分を変えるだけでなく、周囲の人にも良い印象を与えます。

かわいさの感じ方には個人差がある

第三章では、かわいさを弁別する能力には性差があるという話をしました。それ以外にも、かわいいと感じることに個人差はあるのでしょうか。

オランダのレーマンたち（二〇一三）は、ベビースキーマに対する反応の個人差をインターネット調査で調べました。三つの調査に計一三八九名が参加しました。人間や動物の子どもとおとなの写真を見せて、どのくらい感情に触れたか、楽しい写真か、いとしい写真かなど、一点から五点までで答えてもらいました。ベビースキーマに対する反応の大きさは、子どもに対する反応とおとなに対する反応の差分として定義しました。女性は男性よりも子どもに対する反応が大きいこと、情動的共感性（相手の感情を自分も同じように体験できる特性）の高い人や所属欲求（誰かと社会的につながっていたいという動機）の強い人はベビースキーマに対する反応が大きいことが分かりました。しかし、愛着スタイル（他者からの拒絶を恐れる愛着不安や親密な人間関係を避ける愛着回避）やナルシシズム傾向（自己中心性）は、ベビースキーマに対する反応の大きさとほとんど関係しませんでした。また、親であることは、男女を問わず、人間の赤ちゃんに対する反応を高めるという結果も得られました。

面白いことに、人間と動物に対するベビースキーマ効果の大きさには、弱い関係しかありませんでした。つまり、人間の赤ちゃんをかわいいと感じる人が、動物の赤ちゃんも同じようにかわいいと感じるわけではないということです。この結果は、日本で行われた二つの研究でも裏づけられています。

金井と入戸野（二〇一五）は、男性二六二名、女性三二〇名の大学生を対象に、人間の赤ちゃん、動物の赤ちゃん、キャラクター（イラストやぬいぐるみなど、生き物をモチーフにしているもの）、モノ（洋服・アクセサリー・雑貨など、生き物をモチーフにしていないもの）の四つに出会った状況を想像してもらい、ふだんならその対象をどの程度「かわいい」と感じるかを一点（まったく感じない）から五点（非常に感じる）までで評定してもらいました。その結果、女性はどの対象についても男性よりも高い得点をつけました。男女差が最も大きかったのはモノに対する「かわいい」感情でした。

四つの対象への「かわいい」感情の強さには、弱い関係しか認められませんでした。ある対象をかわいいと感じるからといって、別の対象も同じようにかわいいと感じるわけではないということです。人間の赤ちゃんをかわいいと感じるかどうかとキャラクターをかわいいと感じるかどうかにはまったく関係がなく、動物の赤ちゃんをかわいいと感じるかどうかとモノをかわいいと感じるかどうかにもまったく関係がありませんでした。

この調査では、パーソナリティ要因も測定しています。レーマンたちと同じように、男女ともに、共感性が高いほど「かわいい」感情が強いという関係がありました。しかし、この関係は、キャラクターに対する「かわいい」感情には認められませんでした。正確な理由は分かりませんが、キャラクターには個別性が高いことが考えられます。他にはまったく関心がないが、スヌーピーだけはかわいいと思うという場合、個人特性ではなく、特定のキャラクターに対する知識や経験によって、「かわいい」感情の強さが決まるかもしれません。また、キャラクターに対する「かわいい」感情だけが「個人的苦痛」という共感性の下位項目と関係していました。個人的苦痛というのは、困っている人を見ると、助けてあげたいと思わずに、自分自身が困ってしまう傾向を指します。そういう特性が強い人は、実際の助けを必要としないキャラクターをよりかわいいと感じるのかもしれません。さらに、親和動機（友達と非常に親密になりたい、人と深く知り合いたいなど）の高さは、人間の赤ちゃんに対する「かわいい」感情のみを予測しました。これらの結果は、パーソナリティによって何をかわいいと感じるかが異なることを示しています。

名古屋大学の大学院生だった高松礼奈さんは、二〇一八年に発表した論文で、人間の赤ちゃん、動物の赤ちゃん、キャラクター（グッズやマスコット）の三つの領域におけるかわいいものに対する反応を測る一五項目からなる尺度を作成しました。人間の赤ちゃんに対する質問は「赤ちゃんは愛らしいと思う」「赤ちゃんの笑顔は天使のほほえみのようで見ていると癒される」といった六項目、動物の赤ちゃんに対する質問は「かわいい犬や猫には近寄らずにはいられない」「動物の赤ちゃんを見ると、守ってあげたくなる」といった五項目、キャラクターに対する反応は「好きなキャラクターが宣伝している商品を買ってしまう」「好きなキャラクターのグッズを持っている」といった四項目です。三つの対象に対する反応には弱い相関しか認められませんでした。特に、人間の赤ちゃんに対する反応とキャラクターに対する反応にはまったく関連がありませんでした。これまでの研究と同様に、他者に対する共感的関心の高さは人間と動物の赤ちゃんに対する反応と相関していました。キャラクターに対する反応の大きさは共感的関心とは関係せず、個人的苦痛と関連していました。

別の研究で、金井と入戸野（二〇一三）は、赤ちゃんに対する「かわいい」感情の強さが、サイコパシー傾向や対人交流場面における不安（対人不安）とどのように関係しているかを検討しました。サイコパシーとは、反社会的な人格障害であり、利己的・冷淡で感情が希薄でありながら、うわべは魅力的に見えます。サイコパシーには二つの要因（次元）があります。一次性サイコパシーは内面的な問題（共感性や罪悪感の欠如など）であり、二次性サイコパシーは行動的な問題（衝動性や逸脱行動など）です。二一二名の大学生に調査を行った結果、サイコパシー傾向（特に一次性）の高い人は、見知らぬ赤ちゃんに対してかわいいと感じにくく、むしろ敵意を感じることが示されました。しかし、対人不安の高低と「かわいい」感情の強さには関係が認められませんでした。

このように、かわいいと感じることの個人差については少しずつ明らかになっています。第六章では、これらの「かわいい」感情が行動に及ぼす個人差についても紹介します。

弱さとかわいさ

かわいさはよく弱さと結びつけて語られます。赤ちゃんや幼い動物は弱くて無力だからかわいいというわけです。

しかし、冷静に考えれば、弱いものがすべてかわいいわけではありません。例えば、マイヤーたち（一九八四）は、早産児の見た目について研究しました。早期早産児（三一〜三四週）九名、後期早産児（三五〜三七週）一〇名、満期出産児（四〇週）一〇名の顔写真を撮影し、顔の形状を測ったところ、満期出産の乳児に比べて、早期出産の乳児は、全体に顔の幅が狭く、目の幅が狭く、額が狭く、目じりから顔の輪郭までの距離が狭く、鼻の下から唇までが長いという特徴がありました。さらに、早期早産児は後期早産児よりも、額の横幅が狭くなっていました。つまり、早産児の顔にはベビースキーマの特徴が欠けていたのです。各群の顔をイラストで表現して、一四七名の大学生に評定してもらったところ、全体評価（好感が持てる、魅力的、かわいい、正常な）、行動傾向（家に連れて帰りたい、子守したい、近くにいたい、世話をしたい）、見た目の機能（親に心配をかけない、一緒にいると楽しい、イライラさせない、幸せな気持ちになる、よく食べる）という一三項目すべてにおいて、満期出産児は最も評価が高く、後期早産児、早期早産児になるほど評価が下がりました。

「かわいい」感情のモデルやかわいさ反応のモデルでは、かわいいと感じることは、嫌悪や軽蔑の反対として位置づけられています。そのため、かわいいと感じられるためには、弱さが嫌悪や軽蔑と結びつかない必要があります。例えば、かわいいふりをして媚《こ》びる人（いわゆる「ぶりっ子」）がいます。その作為に気づいた人は「あざとい」と嫌悪するので、かわいいとは感じません。しかし、見た目をそのまま受け取る単純な人や、その人が媚びざるをえない深層心理まで察する成熟した人なら、かわいいと感じるかもしれません。

「かわいい」について話していると、「ギャップがかわいい」という声をときどき聞きます。すごいと思っていた人の弱さや厳格だと思っていた人のお茶目な一面を偶然に知ると、親しみがわき、「かわいい」と感じられるようになります。これがギャップをかわいいと感じる理由です。もともと見下している相手は、いかに弱かったとしても、かわいいとは感じられません。かわいいと感じるには、相手に価値を認める必要があるのです。

近寄りがたいほど優れた人は、失敗（へま）をすると逆に親しみがわくという知見があります。アメリカのアロンソンたち（一九六六）は、知的能力が高いことは望ましい特性のはずなのに、必ずしも好かれるわけではないことについて、「できすぎる」人は人間らしくなく近づきがたいと感じられるからではないかと考えました。そして、そういう人はちょっとしたへまをした方が好かれるようになるのではないかと予想しました。反対に、ふつうの人が同じへまをすると、魅力が下がると予想しました。

男子大学生四八名が実験に参加しました。大学対抗クィズ大会に応募するために録音されたテープを聞いて、その人の印象を評価してもらいました。テープには、ある学生が五〇問のクイズに答えている様子と、その後のインタビューが収められていました。一人は、非常に優れた学生でした。クイズには九二％正しく答えることができ、インタビューでは高校の優等生であり陸上競技チームのメンバーだったと答えます。もう一人は、平凡な学生でした。正しく答えられたクイズは三〇％だけで、高校では平均的な成績、陸上競技チームに入ろうとしたが落とされたと答えます。

インタビューの最後に、コーヒーをこぼしてしまうアクシデントが起こります。ガシャンという音と椅子を引く音、「しまった、新しいスーツにコーヒーをこぼした」という苦しそうな声が録音されています。まったく同じ音を、先ほどのテープの最後の部分に追加しました。

できる人と平凡な人がそれぞれへまをする／へまをしないという四つの条件があり、それぞれのテープを一二名ずつの学生が聞いて、八問の質問にマイナス七からプラス七までで答えました（得点範囲マイナス五六点〜プラス五六点）。

その結果、できる人は平凡な人よりも魅力があると評価されました。へまをすることで平凡な人の魅力は顕著に下がりましたが（プラス一八点からマイナス三点へ）、できる人の魅力はむしろ上がる傾向にありました（プラス二一点からプラス三〇点へ）。できる人の得点変化は偶然の域を超えませんでしたが、へまをしても下がることはありませんでした。

その後に行われた研究では、できる人がへまをすることを好ましいと感じるかどうかは、見る人の自尊心や能力の程度によることが示されています。へまをした優れた人をより魅力的に感じるのは、自尊心が中程度で平均的な能力の男性だけだったとか、自分が頼りにしている人（例えば入院患者にとっての医療従事者）がへまをするとその人の魅力が下がるといった研究があり、一筋縄ではいかないようです。

かわいさが力になる例として、アメリカで行われた社長の顔についての研究があります。一般に、おとなであっても幼く見える顔（童顔）には、温かく、信頼でき、悪いことをしないというステレオタイプがあります。その反面、弱くて能力が低く、リーダーとしてはふさわしくないと考えられる傾向もあります。これを「童顔効果」と呼びます。リビングストンとパース（二〇一〇）は、全米トップ五〇〇社（Fortune 500）の社長になった黒人は、白人社長や女性社長と比べて童顔であり、温かいが能力が低いと見なされることを示しました。童顔の程度と見た目の魅力は関係しませんでしたが、黒人の社長だけが童顔であるほど年収が高いと推測される傾向がありました。研究者たちは、黒人リーダーが童顔であることは、主流である白人に脅威を感じさせないのでメリットになると考察し、これを「テディベア効果」と呼んでいます。

このように、かわいいものは、「弱いから魅力的である」わけではなく、「弱さを魅力に変えている」と言えます。「かわいい」と思われたいなら、弱さを見せるだけでなく、価値があるところ（少なくともマイナスではない面）も控えめにアピールするといいでしょう。本人が直接アピールできなくても、その人のプラスになる情報を周囲の人たちが与えることもできます。

◆この章のまとめ◆

この章では、「かわいい」を感情として捉える新しい理論について紹介しました。見た目の「かわいさ」と「かわいい」感情を区別することは、これまでの研究を整理するのに役立ちます。「かわいい」感情の特徴は、ポジティブであり、脅威を感じず、適度に覚醒的で、対象に近づいて対象を見守りたいと思う接近動機づけを伴い、社会的交流を求めることです。ベビースキーマにかぎらず、笑顔や丸み、色といった要素を手がかりとしながら、自分との関係性を意識的・無意識的に評価することによって、「かわいい」感情は生まれます。次の章では、「かわいい」感情と関連した行動の変化について紹介します。

コラム5

かわいさと美しさの違い

「かわいい」の研究をしていて、よく聞かれるのは、かわいい人と美人の違いは何ですかというものです。顔について端的に答えるなら、笑っていなくても魅力的な顔は美しい顔です。美しい顔とは整った顔のことで、物体の形状に関係しています。これに対して、かわいいという判断には、見る人との社会的な関係性（近づきやすいかどうか）が含まれています。美しい人は笑顔になると、かわいくもなります。

「顰《ひそみ》に倣う」という言葉があります。昔の中国に、西施《せいし》という美人がいました。胸を病んでいたので眉をひそめる表情をしていたのですが、それも美しく見えます。なるほどそうすれば美しく見えるのかと思った醜い女性が、村に帰ってその仕草を真似しました。すると、村の金持ちは門を閉ざして家から出てこなくなり、貧しい人は妻子を連れて逃げ出したというのです。理由を考えずに何でも真似するのは愚かだという、『荘子』に出てくるたとえ話です。醜い人が不快な表情をしたら化け物のように扱われるというのはひどい話ですが、美しい人はどんな表情をしても美しいことが描かれています。

京都大学の大学院生だった藏口佳奈さんたちは、二〇一五年に発表した論文で、一七名の若い女性（一八～二四歳）の顔に対するかわいさ、美しさ、魅力の評価について調べました。その結果、三つの評価は似ていましたが、顔の物理的特徴との関係が少しずつ異なることが分かりました。興味深いことに、見た目の年齢とかわいさの評定値には関係がありませんでした。若い女性のかわいさは幼さとは直接関係しないようです。

また、藏口と蘆田（二〇一五）は、四五名の大学生を対象に、視野の左右に〇・一秒間だけ提示される若い女性二名の顔のうち、どちらがかわいいか／美しいかを判断してもらう実験を行いました。あらかじめ、美しさもかわいさも高い五枚の写真と両方が低い五枚の写真を選んでおき、対にして提示しました。写真の間の距離を三段階で変化させたところ、写真が近くにあるときは、どちらの次元について判断しても七割程度正解しました。二枚の写真が離れていくと、美しさは同じように判断できましたが、かわいさを判断する成績は特に男子学生で低下しました。この知見は、かわいさと美しさの判断過程が異なることを示しています。この結果がなぜ生じるかは分かっていませんが、かわいいものを見ると（あるいはそれについて考えるだけでも）注意の焦点が狭くなり、視野の中心から離れるほど弁別しにくくなったのかもしれません（150ページ参照）。

海外では、おとなの女性がかわいいことはあまり重視されないようです。カナダのゲルダート（二〇一〇）は、女子学部生（ほとんどが二〇歳未満）に六〇枚のおとなの女性の顔写真を見てもらいました。ボタンを押すと写真が提示され、もう一度押すと消えます。参加者は写真を見るだけなのですが、ある群には「これらの写真は以前に他の人が魅力を評定したものです」と教示し、別の群には「これらの写真は以前に他の人がかわいさを評定したものです」と教示します。このほかにも、きれいさ（prettiness）、美しさ（beauty）を評定したものだと教示する群、何も言わない群を作りました。同じ写真なのですが、注視時間は、魅力を判断した写真と言われた群で最も長くなり、美しさはその中間、かわいさを判断した写真と言われた群で最も短くなりました。かわいさは、おとなの女性顔の評価次元として重要でないから、注視時間が短くなったのかもしれないと著者は述べています。

第六章 「かわいい」がもたらす効果

この章では、かわいいものに接したときの反応やそれに伴う行動の変化について紹介します。赤ちゃんと親の関係についての研究は非常にたくさんありますが、ここでは「かわいい」に関係するものだけを選んで紹介します。海外で行われた「かわいい」の研究は、幼児顔に関するものがほとんどですが、それ以外の研究もできるだけ集めてみました。

注意を引きつける

日本では、マーケティングや広告の世界で、3Bというのが知られています。Beauty（美人）、Beast（動物）、Baby（赤ちゃん）の三つです。この言葉は、海外（英語圏）ではあまり一般的ではないようですが、「現代広告の父」と呼ばれるアメリカ人デイヴィッド・オグルヴィも、女性の注意を引きつける広告を作るには赤ちゃんを使えと書いています。

赤ちゃんの顔には自動的に注意が向いてしまうことを調べるために、「ドットプローブ課題」を使った研究が行われています。ジュネーブ大学のブロッシュたち（二〇〇七）は、大学生にコンピュータ画面の中央を見つめさせ、左右に幼児顔とおとな顔を同時に〇・一秒間だけ提示しました。顔が消えた直後、左右のどちらかに点（ドット）を〇・二秒間提示しました。実験参加者の課題は、ドットが出てきた側のボタンを押して、できるだけ早く正確に反応することでした。非常にわずかな差（一八ミリ秒）でしたが、左視野に出てきたドットに対する反応時間は、おとな顔のあとよりも幼児顔のあとに出てきたときに短くなりました。右視野に出てきたドットに対しては差がなく、また、人間ではなく動物の写真では効果がありませんでした。幼児顔次の実験（二〇〇八）では、ドット（今度は三角形）に対する脳波反応を測りました。幼児顔のあとに出てくるドットは、おとな顔のあとに出てくるドットに比べて大脳視覚野で大きな反応を引き起こしたため、幼児顔が注意を引きつける証拠とされました。

イギリスのホドソルたち（二〇一〇）は、幼児顔が注意を引きつける効果は見慣れた顔でしか生じないのではないかと考えました。南アジア人と白人の女子大学生（全員イギリス生まれ）を二〇名ずつ集め、先ほどと似たようなドットプローブ課題を行いました。写真は、南アジア人の幼児とおとなの顔写真を左右に並べて提示する条件と、白人の幼児とおとなの顔写真を左右に並べて提示する条件がありました。その結果、全体としては、プローブに対する反応は、幼児顔のあとに提示される方がおとな顔のあとに提示されるよりも早くなり、幼児顔が注意を引きつけることが示されました。しかし、この効果が見られたのは自分と同じ民族にかぎられました。つまり、南アジア人の大学生は南アジア人の赤ちゃんに注意を引きつけられ、白人の大学生は白人の赤ちゃんに注意を引きつけられました。その後、イタリアの大学生を対象に行われた別の研究（二〇一一）では、白人と非白人の幼児顔で差がなかったという結果も報告されています。そのため、経験が影響するかどうかについては結論が出ていません。

この効果はたとえ存在するにしても、一〇〇分の一秒程度のほんのわずかな差です。私たちの研究室にいた井原なみはさんが修士論文の一部として行った研究では、幼い顔とおとなの顔（第四章で紹介した合成顔）を使い、六〇名の大学生・大学院生が実験に参加しましたが、差が認められませんでした。この効果はニホンザルで実験したときにも認められなかったと報告されています。本当に差がないのか、微妙な差を検出できなかったのかは分かりません。いずれにしても、それほど大きな効果ではありません。また、これらの研究は、幼児顔に対する注意を検討したものであり、かわいさの効果を直接調べたものではありません。

長く見つめられる

第五章で述べた私たちの実験で、かわいいものはより長く見つめられることが示されました。さまざまな種類のかわいいに共通するのは、近づいてみたい、一緒にいたいという気持ち（接近動機づけ）だと述べましたが、長く見つめるのもその一つの現れです。

図 6-1　ベビースキーマに関連するかわいい写真と関連しないかわいい写真
Nittono & Ihara（2017）より作成。

かわいいものが長く見つめられるという知見は、他の研究でも一貫して認められています。ヒルデブラントとフィッツジェラルドは、一九七八年と一九八二年の研究で、かわいいと評定された赤ちゃんの顔は、そうでない赤ちゃんの顔よりも長い時間見つめられたと報告しています。

私たちが二〇一七年に発表した論文では、ベビースキーマ以外の、洋服やアクセサリー、スイーツなどのかわいい写真に対する反応も調べました。女子大学生二〇名に全部で四〇枚の写真を見てもらいました。評定されたかわいさの程度が同じになるように、ベビースキーマに関連するかわいい写真と関連しないかわいい写真（図6−1）

を五枚ずつ選び出したところ、どちらのかわいい写真も、かわいさの低いその他の写真と比べて、同じくらい長い時間見つめられ、同じくらい「近づきたい」と感じられました。また、四〇枚の写真全体で分析したときも、かわいさの得点が高い写真ほど長く見つめられ、「近づきたい」と感じられました。したがって、ベビースキーマの有無によらず、かわいいものは、近づきたいという気持ちを引き起こし、長く見つめられると言えます。

街の中で赤ちゃんに出会うと、つい目で追ってしまいませんか。アメリカ、ドイツ、イタリア、日本で行われた研究で、赤ちゃん連れは通行人に見つめられやすいことが示されています。シアトルのショッピングモールで一九七五〜七六年に行われたロビンソンたち（一九七九）の研究では、対象とした四五五九名のうち四九〇名（一一％）が、研究者の用意したターゲット（一歳の女児を連れた母親か父親）を二秒間以上見つめました。また、女性の方が男性よりも見る頻度が高いという結果が得られました。

ドイツとイタリアのスーパーマーケットや街頭で行われたシュライトたち（一九八〇）の研究では、四〜七ヶ月の女児を連れた母親役の女性のそばを通った三七六〇名のうち、母子を見つめたのは二〇％（七五五名）でした。先ほどと同様、女性（二七％）は男性（一三％）よりもよく見つめました。

日本（東京と埼玉）で行われた西山たち（二〇一五）の研究では、母親と子（五〜一五ヶ月）

の横を通る人を観察しました。対象となった四九〇名のうち、二秒間以上母子を見つめたのは八一名（一七％）でした。母親が一人でいるときに見つめたのは、四四七名のうち一七名（四％）だけでした。この研究では、観察者の性差は認められませんでした。

興味深いことに、三つの研究ともに、親子連れを見る頻度は、年齢（観察者が推定したものです）を横軸に取るとU字型になりました。二〇歳未満と五〇歳以上で高く、その間の年齢では男女ともに減りました。この結果は、中間の年代の人たちが日々忙しく、他の人を構っている余裕がないことを示しているのかもしれません。

笑顔になる

第五章で述べたように、かわいい写真に対する特徴的な反応として、笑顔を作る表情筋の活動があります。赤ちゃんを見たときの主な反応が微笑であることは、一八七二年にダーウィンが『人および動物の表情について』の中でも言及しています。

街の中で赤ちゃんに出会ったときにも笑顔になります。先ほど紹介したシュライトたち（一九八〇）は、赤ちゃんを連れたお母さんに視線を向けた七五五名のうち三二一名（四三％）が笑顔を示し、女性は男性よりも笑顔を示すことが多かった（四九％対二七％）と報告しました、母親役の女性が一人で同じ場所に立ったときに笑顔を示す人はいませんでした。同じ結果は、西山たちの研究（二〇一五）でも示されています。母子に視線を向けた八一名のうち一七名

（二一%）が微笑みました。同じ母親が一人でいるときに微笑んだ人は皆無でした。

かわいいものを見ると笑顔になるのですが、かわいさの程度と笑顔の大きさには関係がありません。ヒルデブラントとフィッツジェラルド（一九七八）は、赤ちゃんの顔に対して大頰骨筋の活動が高まることを示しましたが、かわいさの程度とは関係していませんでした。同じグループのパワーたち（一九八二）の研究でも、笑っている赤ちゃんは泣いている赤ちゃんよりもかわいいと評価され、長く見つめられましたが、表情筋活動の大きさは赤ちゃんの表情やかわいさの評価によって変わりませんでした。これらの知見を総合して、ヒルデブラントとフィッツジェラルド（一九八三）は、赤ちゃんの顔に対しては二段階の処理があり、最初は赤ちゃんであることに対する全般的な反応（笑顔）が起こり、その後に認知的評価が行われて、かわいさや魅力、注視時間が変わるのかもしれないと提案しています。

私たちの最初の研究（114ページ）でも、かわいさの程度と笑顔の大きさには関係がありませんでした。また、二〇一七年の論文（140ページ）では、かわいさの程度をそろえた場合、ベビースキーマに関連する写真は、ベビースキーマに関連しない写真よりも、大きな笑顔を引き起こしました。これらの結果は、かわいさと笑顔が一対一で結びついているわけではないことを示しています。かわいくないが笑顔を引き起こす刺激（大笑いするコメディなど）があることを考えれば、これらの結果は納得がいきます。

かわいさの程度に対応するのは、大頰骨筋ではなく、皺眉筋《しゅうびきん》の活動量であるという研究があります。皺眉筋は眉間にある筋肉で、不快で「眉をひそめる」ときに収縮します（115ページの図5－4参照）。その活動が低下するというのは、眉の緊張が解けて、穏やかな表情になるということです。シャインとラングロイス（二〇一五）は、かわいい顔の赤ちゃんを見るときは皺眉筋の活動量が小さかったと報告しています。魅力的でないおとなの顔を見ると皺眉筋の活動が高まり、魅力的なおとなの顔を見ると低下することは、二〇一一年にすでに示されていました。赤ちゃんの顔も例外ではありませんでした。赤ちゃんの顔はかわいいというステレオタイプがありますが、実際には否定的な反応が生じることもあるのです。

気分が良くなる

かわいいものを見ると自然と笑みがこぼれるので、気分が良くなることは明らかです。かわいいものは快であると評価されることは、先行研究で一貫して認められています。「かわいい」感情の定義に「ポジティブである」ことが含まれているので、これは当然のことです。

ここでは、気分を良くするために、人々はかわいいものを「利用している」のではないかという説を紹介します。インディアナ大学のマイリック（二〇一五）は、ネット上で猫の動画や写真を見る人たちに調査を行い、六七九五名のデータを得ました。猫の人気は世界的に高まっています。文化や宗教の影響もありますが、アメリカ・ロシア・中国などでは、猫の数が犬の数を超えているようです[13]。日本でも二〇一七年一〇月の統計で、初めて飼い猫の数（約九五三万頭）が飼い犬の数（約八九二万頭）を上回りました（一般社団法人ペットフード協会調べ）[14]。現在もその差は開いており、二〇一八年一〇月の時点で、飼い猫は九六五万頭、飼い犬は八九〇万頭であると推定されています。ただ、猫は多頭飼いが多いので、犬を飼っている家（一二・六％）の方が猫を飼っている家（九・八％）よりもまだ多いのが現状です。

アンケートでは、ネット上で猫の動画や写真を最後に見たときのことを思い出してもらい、その直前の感情状態と見終わったときの感情状態を答えてもらいました。すると、ネガティブな感情状態（疲れた、不安な、イライラした、悲しい、うしろめたい）の得点は視聴後に下がり、ポジティブな感情状態（元気な、希望に満ちた、幸せな、満ち足りた）の得点は上がりました。思い出して答えてもらったので、本当はどうだったかは分かりません。しかし、ネットユーザーは、猫の動画や写真が自分の感情を上向きにしてくれることに気づいています。

メムライズ（Memrise）というイギリスの言語アプリ開発会社が、二〇一三年に猫の写真を使ったスペイン語の学習アプリ（CatAcademy）を開発したことがあります[15]。学習意欲を高める報酬として、お金やポイントをあげるのではなく、かわいい写真を使いました。現在では配信が停止されていますが、「かわいい」を視覚的な報酬として使うアイデアはユニークであり、

13 https://www.petsecure.com.au/pet-care/a-guide-to-worldwide-pet-ownership/
14 https://petfood.or.jp/data/
15 https://www.bbc.com/news/technology-25103362/

今後も検討する価値があるでしょう。お金やモノは使ったらなくなるので、共有するのには限界があります。しかし、視覚的なかわいいものはデジタル情報として複製でき、低コストで共有できます。この特性も、SNS時代に「かわいい」の人気が高まった理由の一つだと言えます。

丁寧に行動するようになる

当時ヴァージニア大学にいたシャーマンたちは、二〇〇九年に、幼い動物の写真を見ると手先の細かさを必要とするゲームの成績が向上するという研究を発表しました。ゲーム盤の表面にある小さな穴の中の部品を枠に触れないようにピンセットでつまみ出す「手術ゲーム」と呼ばれる課題です。一二個の部品があり、成功した個数によって、成績が〇点から一二点となります。ゲームは二回行い、その間に、幼い動物(子犬や子猫)のスライドショーか、おとなの動物のスライドショーを見てもらいました。以下では、便宜的に「幼い動物」と呼びますが、実際の年齢ではなく、幼く見えるという意味です。

実験1では、四〇名の女子大学生が参加しました。どちらの条件でも二回目には練習の効果で成績は上がりましたが、幼い動物の写真を見た人は、おとなの動物の写真を見た人よりも、より大きく向上しました(平均増加数は一・八個と〇・六個)。

実験2では、写真のかわいさの差を大きくし、興味や快情動の強さをそろえるために、おとなの動物の一部を、もっと興味を引く犬の写真やトラやライオンの写真と差し替えました。五六名の男女大学生が、実験1と同じ課題を行いました。やはり、幼い動物の写真を見たあとは、おとなの動物の写真を見たあとよりも成績が良くなりました（平均増加数は一・三個と〇・五個）。

この結果についてシャーマンたちは、幼い動物を見ると優しい行動傾向が促進されると考察しました。第五章で述べた「かわいさ反応」のモデル（111ページ）で、「親和的な（優しい）行動傾向」というのはこのことを指します。

なお、シャーマンたちは、手術ゲームを行う前に、握力も測っています。かわいいものを見て優しくなるなら、力も弱くなると考えたのですが、この指標には条件差がありませんでした。また、動物写真を見ているときの自律神経系反応（心拍数と手のひらの汗腺活動を反映する皮膚コンダクタンス）も測定しましたが、一貫した条件差は認められませんでした。かわいい動物の写真を見たからといって、ドキドキしたり手に汗握ったりといった興奮が起こるわけではないのです。

当時、私たちも「かわいい」の研究を始めていましたから、興味を持ってこの論文を読みました。日本でも追試してみようということになり、著者に連絡して実験に使った写真を提供してもらいました。同じようなゲームを購入して、学部生だった福島倫子さんとともに実験しました。スライドショーだと写真をしっかり見てもらえないと思ったので、七枚のカードに写真

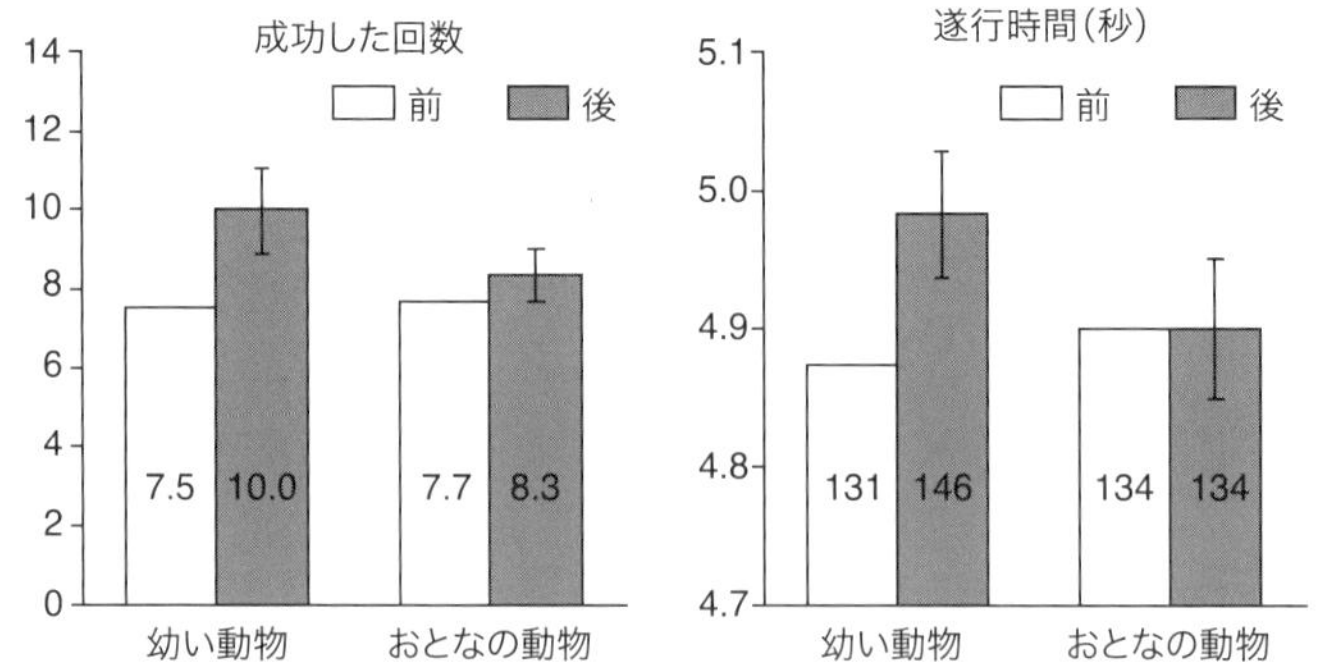

図 6-2　かわいい写真を見たあとは丁寧に時間をかけて作業するようになる
成功回数の範囲は 0 ～14、遂行時間の縦軸は自然対数変換した秒数。エラーバーは差分値の95%信頼区間を示す。Nittono et al.（2012）の実験 1 から作成。

を印刷し、一分半で自分が好きな順番に並べ替えてもらいました。また、課題の成績だけでなく、ゲームにどのくらい時間をかけて取り組んだかも調べました。実験1には四八名の男女大学生が参加しました。図6-2にその結果を示します。幼い動物の写真を見た実験参加者の成績は平均して二・五点増加しましたが、おとなの動物の写真を見た参加者の成績は〇・六点の増加にとどまりました。また、課題の遂行時間は、幼い動物の写真を見たあとでは長くなりましたが、おとなの動物のときには変わりませんでした。

全体の平均値から計算すると、幼い動物を見たあとの成績の向上率は三四%でした（おとなの動物では九%）。しかし、個人ごとに向上率を見ると、その範囲はマイナス一八%（一一点→九点）から一六〇%（五点→一三点）と幅がありました。マイナスの値ということは、かわいい写真を見ることで成績が下がった人もいたわけです。個人ごとに求めた向上率を平均すると四四%になりますが、これは誰もがそうなるという保証値ではありません。

その後、シャーマンたち（二〇一三）は、かわいいものを見たあとに慎重になるかどうかには個人差があると報告しました。今回は動物の写真ではなく、ベビースキーマの特徴を増やしたり減らしたりした幼児の顔写真を使いました（第三章参照）。実験参加者は、かわいさを増した八枚の写真か、かわいさを減らした八枚の写真のいずれかを眺めたあと、コンピュータ画面上に引かれた線をマウスでカーソルを動かしてなぞる一筆書き課題を行いました。線からはみ出ださないことを慎重さの指標としたところ、全体としては、写真の種類による差はありませんでした。しかし、特定のタイプの人だけは、かわいい写真を見たあとに慎重に課題を行うようになりました。それは、他者のことを気にかけたり弱い人に同情したりすることに価値を置く女性でした。このような価値観を「向社会的指向性」と呼び、質問紙を使って測定することができます。女性であっても向社会的指向性の低い人や、男性は、かわいい写真を見ても慎重にはなりませんでした。写真をかわいいと感じていても、慎重な行動には結びつかなかったのです。インターネット上で行った実験ですから、参加者がどこまで真剣に取り組んだのかは分かりません。しかし、かわいいものを見る効果は誰でも同じように生じるわけではないようです。

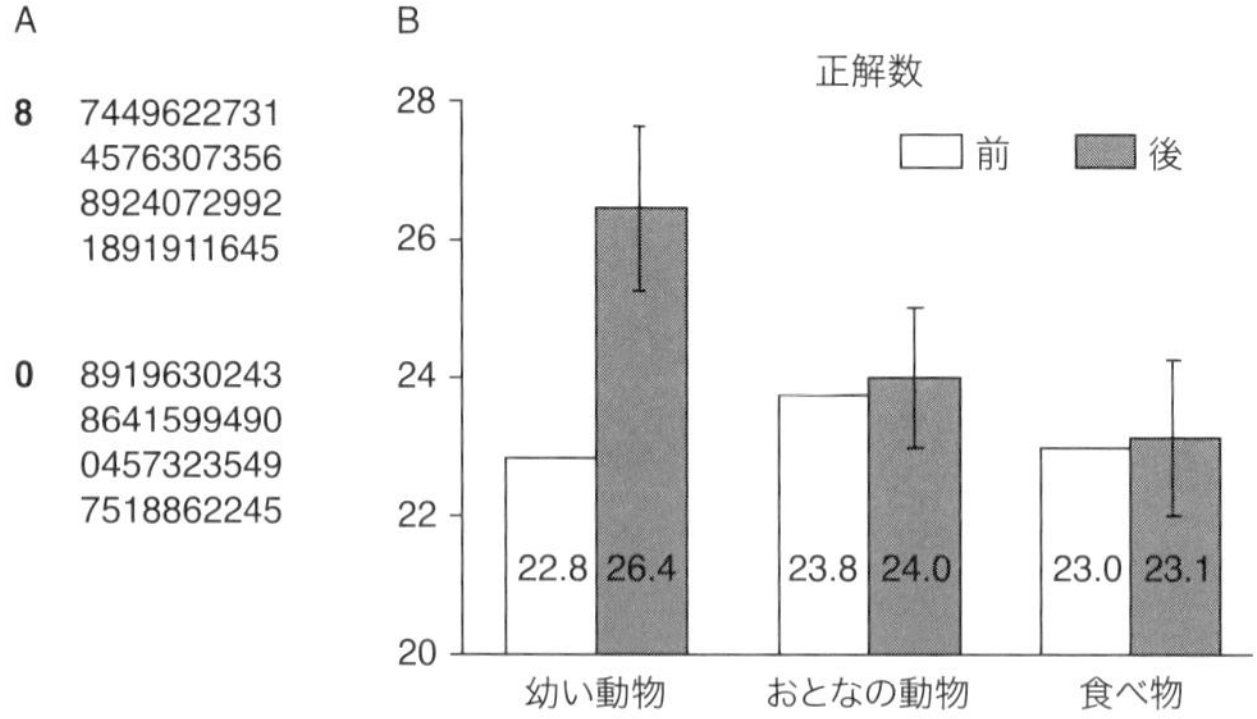

図6-3　かわいいものを見たあとは細かい視覚作業がうまくできるようになる
視覚的注意を必要とする課題。左肩の数字が右の行列にいくつ含まれるかを目だけで数え、その個数を紙に書いていく。エラーバーは差分値の95%信頼区間を示す。Nittono et al.（2012）の実験2から作成。

細部に注目しやすくなる

さて、幼い動物の写真を見ると、手先の器用さを必要とする課題の成績が上がり、時間をかけて取り組むようになることが分かりました。そのメカニズムを知るために、私たちは次の実験で、手先を使わない課題を用いました。図6-3Aに示すような四〇個（一〇個×四行）の行列から指定された数字を目だけで探して数え、その個数を紙に書き出してもらいました。三分以内に何問正解できるかを調べました。幼い動物やおとなの動物の写真を並べ替える群に加えて、おいしそうな食べ物（ステーキや寿司）の写真を並べ替える群も作り、それぞれ大学生一六名が参加しました。その結果、図6-3Bに示すように、課題の成績は、幼い動物の写真を見たあとに向上しましたが、おとなの動物や食べ物の写真を見ても効果がありませんでした。

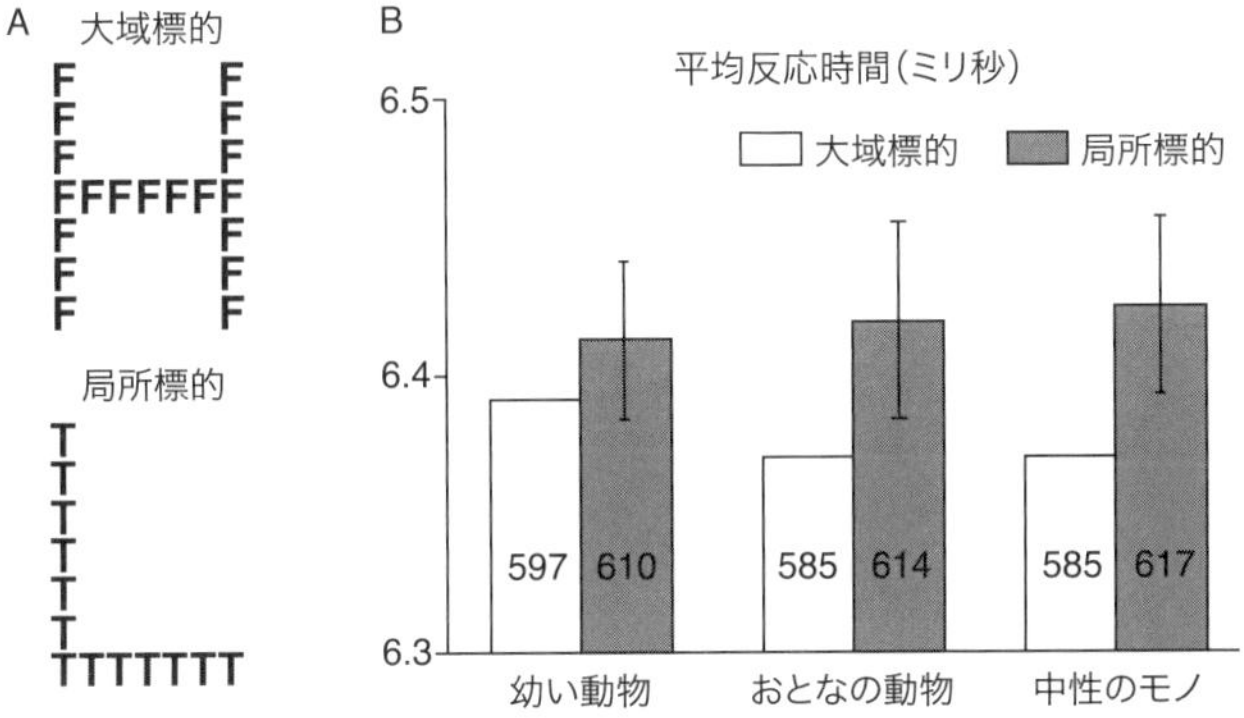

図 6-4　かわいいものを見たあとは細かい部分に注意が向くようになる

H が含まれている刺激には左、T が含まれる刺激には右のボタンを押す。平均反応時間の縦軸は自然対数変換した秒数。エラーバーは差分値の 95%信頼区間を示す。Nittono et al.（2012）の実験 3 から作成。

丁寧に行動することで行動がゆっくりになるなら、このような課題の成績は下がるはずですから、単に丁寧になるわけではなさそうです。考えられるのは、細かい部分に注意が向くようになったということです。そこで、実験3として、学部生の矢野晃裕さんと一緒に、かわいい写真を見たあとの注意の範囲を調べる実験を行いました。図6-4Aに示す文字を見てください。最初はHとLと読めますが、よく見ると、それぞれ小さなアルファベットFとTで出来ています。このような文字が画面上に一つずつ出てきます。大きくても小さくてもHが含まれていたら左のボタンを、Tが含まれていたら右のボタンを押してもらいます。この例で言えば、上側の文字は大きなHですから左のボタン、下側の文字は小さなTですから右のボタンで答えます。私たちは、ふつう大きな特徴を処理しやすいので、大きな文字（大域標的）の方が小さな文字（局所標的）よりも素早く反応できます。これを「大域優先性」と言います。幼い動物の写真、おとなの動物の写真、中性写真（感情を喚起しない日用品など）をそれぞれ八枚用意し、三つの条件としました。大学生三六名がすべての条件を行いました。各条件の写真を三秒間見たあとに八問に答え、また写真を三秒間見て八問に答えるということを、八回繰返しました（計六四試行×三条件）。およそ七〜一〇秒ごとに三秒間ずつ写真を見る計算です。その結果、図6-4Bに示すように、幼い動物の写真を見たあとには、大域優先性が減り、細部に注目しやすくなることが分かりました。全体の反応時間は変わらなかったので、課題成績が良くなったのではなく、注意を向ける範囲が狭くなったということです。

ポジティブな感情状態では、一般に、注意や思考の範囲が広がると言われてきました。満腹やリラックスした状態では、差し迫った危険がないため、注意の範囲が広がり、創造的になります。しかし、対象に強く引きつけられるとき、つまり「接近動機づけ」が強いポジティブ感情の下では、そうではありません。例えば、空腹なときに食べ物を見るとか、性的な対象に出会ったような場合です。働きかける対象が明確なので、注意の範囲が狭くなるのです。

かわいい写真も強い接近動機づけを生じさせるので、注意の焦点が狭くなると考えられます。言われてみれば、かわいい赤ちゃんや子犬・子猫に出会うと、全体をまんべんなく眺めるというよりも、相手の目であったり、小さな指先であったり、尻尾であったり、細かいところが気になります。

この現象には別の解釈もできます。ミネソタ大学のグリスケヴィシャスたちは、「かわいい」感情（彼らは養育愛情（nurturant love）と呼んでいます）が起こると、対象を守らなければならないという責任感が高まり、リスクを回避するようになるために、状況を詳細に検討するシステマティック（体系的）な認知処理が促進されると提案しています。二〇一〇年に発表された論文では、大学生に感情体験（六種類の異なるポジティブ感情）を思い浮かべてもらい、その状態で読んだ提案書にどれだけ説得されたかを答えてもらいました。その結果、楽しいときや満足しているときには、根拠の弱い提案書にも説得されやすくなりました。しかし、養育愛情や「畏敬（壮大な景色を初めて見たときのような状態）」を感じているときには、何も感じていないときに比べて、説得されにくくなりました。養育愛情も畏敬も、情報を集めようとする体系的な処理傾向を促進するポジティブ感情だからだと著者たちは考察しています。

握りしめたくなる

以前、私の研究室で、かわいさの程度を測る方法について話していたとき、握る力を測ったらどうかという提案がありました。その学生に言わせると、かわいいものをみるとぎゅっと握りしめたくなるのだそうです。私にはよく理解できなかったのですが、一緒にいた他の女子学生は「分かる」と共感していました。

実は、かわいいものを見たときに握りしめたくなるのは、世界共通の反応のようです。先ほど紹介した「丁寧に行動したくなる」とは反対のようですが、かわいい赤ちゃんを見たときに、柔らかそうな頬を指でつついてみたくなったり、「食べちゃうぞ」と言ったり、「うーっ」とうなり声を出したりする人がいます。もちろん相手を傷つけるつもりはありません。

イェール大学のアラゴンたち（二〇一五）は、このような反応を「かわいい攻撃（cute aggression）」と名づけました。彼女たちは、もともと感情の二形的表出に興味がありました。「二形性（dimorphism）」というのは、一つのものが二つの異なる形を取ることです。同じ感情体験であっても、まったく違う二種類の表出を伴うことがあります。例えば、あまりに悲しいことが起きると逆に笑えてきたり、お腹を抱えて笑っているときに涙が出てきたりといった状況です。ポジティブやネガティブの感情があまりに強いときは、反対の表出が起こって感情を中和するのだとアラゴンたちは考え、「かわいい」を材料にしてその仮説を検証しました。

まず、イェール大学の言語学の教授たちに聞いて、かわいいものを握りしめたい、食べてしまいたいという表現が世界各地にあるかを調べました。予想どおり、そのような表現は、ギリシャ語、フランス語、オランダ語からベトナム語、タガログ語、アラビア（レバノン）語に至るまで存在しました。

次に、インターネットを通じていくつかの実験を行いました。ベビースキーマの特徴を増減させた幼児顔の写真を見せて、どう感じるかを尋ねました。「この赤ちゃんを見ると」という文に続き、各種の質問に一から一〇〇までスライダー（つまみ）を動かして答えてもらいます。

かわいさ（「かわいいと感じる」「良い子だと感じる」）、養育（「世話したくなる」「抱きよせたくなる」「守りたくなる」）、攻撃（「ほっぺをつねりたくなる」「食べてしまいたいと言いたくなる」「ふざけて攻撃したくなる」）、感情の強さ（「とても強いポジティブ感情で圧倒されそうに感じる」）といった質問です。

その結果、かわいさの高い写真に対して、養育の気持ちが強くなるとともに、攻撃の気持ちも強くなりました。そして、ポジティブ感情で圧倒されそうになると答えた人ほど、攻撃の気持ちが強いことが分かりました。アラゴンたちは、これらの結果を感情の二形性として解釈しました。かわいすぎてポジティブな気持ちが高まると自分をコントロールできなくなるので、反対の表出をしてその気持ちを中和させると考えたのです。

この説明は面白いですが、疑問もあります。一つは、ネット上で赤ちゃんの顔写真を見るだけで、圧倒されそうな強い感情を抱くかどうかです。実際の赤ちゃんや小動物を前にしたら異なるかもしれませんが、かわいい写真を見ただけでは、ふつうはそれほど興奮しません。もう一つは、そもそも「かわいい攻撃」として尋ねた事柄（ほっぺをつねりたい、食べちゃいたいと言う）は「攻撃」なのかどうかです。この論文が出版された直後に、アメリカの『ナショナルジオグラフィック』誌の記者から問い合わせがありました。[16] 私は、攻撃ではなく、単に対象

16 https://news.nationalgeographic.com/2015/10/151010-science-psychology-babies-animals-culture-behavior/

に強く接近したいだけではないのかと答えました。

ところで、アラゴンたちは、この論文の付録として、面白い実験を報告しています。九〇名の大学生を三群に分け、それぞれに動物の写真を見てもらいます。幼い動物の写真と、おとなの動物の写真、そしておとなの動物のコミカルな写真（おかしな顔をした猫など）のスライドショーです。八枚ずつの写真を各二〇秒、全部で二分四〇秒間見ました。実験参加者は、運動と記憶についての実験であると告げられ、スライドショーを見る前に「プチプチ」を渡されます。壊れ物を包むのに使う、あの透明なシート（気泡緩衝材）です。約三〇センチ四方のシートを一枚渡し、スライドショーを見ながら好きなだけつぶしてくださいと伝えます。一枚におよそ八五〇の気泡がありました。スライドショーのあとにプチプチを回収しました。実験後に、写真のかわいさやおかしさについて尋ねたところ、予想どおり、かわいいと感じた程度は幼い動物の写真で最も高く、おかしいと感じた程度はコミカルな動物の写真で最も高くなりました。つぶされていた気泡の数（幾何平均）は、幼い動物（八七個）を見ているときに、コミカルな動物（五九個）やおとなの動物（五一個）を見たときよりも多くなりました。

これらの研究知見を踏まえると、かわいいものを見ると、何かを握りしめ、力を入れたくなるのは正しいようです。理由はよく分かりませんが、興味深い知見です。

擬人化するようになる

第五章で述べたように、シャーマンとハイト（二〇一一）は、見た目のかわいさがあると、相手と社会的に関わろうという目標が作られ、メンタライジングが促進されると考えました。相手の心を読み、相手を理解しようとします。相手が人間ではないときは、擬人化するようになります。例えば、床を掃除する家庭用ロボットに名前をつけるといった具合です。「名前がある」というのは人間の手がかりですから、擬人化が促進されたと言えます。逆に、人間として扱わないときには、名前をはく奪します。刑務所や強制収容所で、名前ではなく番号で呼ぶのはそのためです。

古くは『鳥獣戯画』（一二〜一三世紀頃）にさかのぼると言われる日本におけるキャラクター文化を見ると、日本人は動物や非生物を擬人化するのが好きです。手塚治虫の鉄腕アトムも、ホンダのアシモも、日本のロボットは人間に近いことを重視します。擬人化することに比較的良いイメージを持っています。

これに対して、アメリカでは、非生物を擬人化しやすい人は、孤独な人や他者に拒絶されることを極端に気にする人（愛着不安者）だという研究が行われています。人間には誰かと社会的につながっていたいという「所属欲求」があります。それが満たされないと、人間以外の何か（ペットやモノ）とのつながりをもとめて、それを擬人化する傾向が強まるというのです。孤独な人が宗教を信仰するのも、神（これも擬人化の対象です）との関係を強めようとするからだと説明されます。

シカゴ大学のエプリーたち（二〇〇八）は、二〇名のボランティアに、目新しい小道具（逃げ回る目覚まし時計やハグしてくれる枕など）の説明文を読んだあとに、それぞれについて、「心があるか」「自由意思があるか」などを評定してもらいました。高い点数をつけるほど、それを人間として扱っている（擬人化している）ことになります。その後、孤独尺度（「どのくらい頻繁に他者から孤立していると感じますか」など）に答えてもらったところ、孤独を感じている人ほど擬人化する傾向が強いことが分かりました。

この結果は、二〇一六年に、別の研究者によって一七八名のデータで追試されています。その研究では、擬人化する傾向は、親密な他者（近づきやすく頼りになり安心できる人）との関係を思い起こせば低下することも示されています。

擬人化には三つの心理的要因があると、エプリーたち（二〇〇七）は別の論文で述べています。まずは、あるモノが人間を思い出させる（人間のような手がかりがある）ことです。そのうえで、二つの動機づけが関係します。一つは、対象のふるまいをよりよく理解したいという動機づけ（効力動機づけ）と、先ほど挙げた社会的なつながりを持ちたいという動機づけ（社会性動機づけ）です。

「擬人化は所属欲求が満たされない人の代替手段である」というのは、俗な言い方をすれば、「リア充でない人は二次元の世界で恋をする」といったことです。現実の世界で人間関係に恵まれない人は、アニメやゲームなどの世界で所属欲求を満たすかもしれません。そして、二次元の世界で所属欲求が満たされたら、今度は現実世界での人間関係の必要性が減ります。新たな関係を構築する努力をしないので、ますます二次元の世界にとどまることになるでしょう。

「かわいい」感情と擬人化との関係は正確には分かっていません。シャーマンとハイトのモデルによれば、かわいいものに社会的に関わろうとすると擬人化が起こります。反対に、擬人化すると、対象をかわいいと感じやすくなる可能性もあります。動物を擬人化して考えると助けようとする気持ちが高まったという研究や、自然を擬人化する〔例えば、顔のついたイラストを使う、「自然さん（Mr. Nature）」と呼ぶ〕と環境保護の意識や行動が促進されたという研究もあります。見た目がかわいいかどうかは別として、名前をつけると親しみがわくからです。

世話したくなる

見た目のかわいい赤ちゃんは得をするという研究があります。一九九五年に発表されたラングロイスたちの研究では、テキサス州にある低所得者向けの病院において、生まれたばかりの赤ちゃん（第一子）に対する母親（平均年齢二〇歳）の行動を調べました。一組の母子につき二〇~三〇分間の観察を行いました。赤ちゃんの写真は大学生が判断して、魅力的な子とそうでない子（上下折半）に分けました。すると、魅力的な新生児（六七名）は、魅力的でない新生児（六九名）に比べて、母親の愛情に満ちた働きかけ（話しかける、抱きしめる、目を合わせる）が多く、母親が他者に注意を向けること（赤ちゃんをしっかり見ずに他の人を見たり話したりする）が少ないという結果が得られました。似たような観察を三ヶ月後に行ったところ、見た目の魅力と愛情ある交流との関係は、男の子でしか認められませんでした。この効果は、見た目のかわいさが全体に低い新生児のときに顕著に現れるのかもしれません。

レバノンのベイルートにある病院の新生児緊急治療室で行われたバドーとアブダラー（二〇〇一）の研究では、五六名の早産児（二七〜三六週）に対して、二名の看護師が見た目の魅力を一点から五点で評定しました。出生時体重や健康状態を統計的にそろえた場合でも、見た目の魅力の高い早産児の方が、入院期間が短く、退院までに増加した体重が多いという結果が得られました。著者たちは、見た目の良い子は看護師に面倒を見てもらいやすいのだろうと推測しています。

カナダのヴォルクたちが二〇〇二年と二〇〇五年に発表した論文では、子どもの見た目のかわいさは、親代わりに育ててみたいという評価と強い相関があったと報告されています。その子どもが健康に見えるかよりも影響が大きいようです。親代わりに育ててみたいか（里親になりたいか）というのは、日本ではあまりなじみのない質問ですが、親としての資源を投資するかどうかの指標としてよく使われます。カナダやアメリカでは里親制度に対する関心が高いので、このような質問は自然なようです。実の父母に育てられないときでも、子どもはできるかぎり家庭で育てるのが望ましいとされています。しかし、日本では、社会的養護の必要な子どもの八割以上が施設で育てられています。[17]

見た目によって子どもに損得があるのは不公平だと批判する人がいるかもしれません。でも、見た目ですべてが決まるわけではありません。例えば、ヴォルクたちが示した最も高い相関（〇・七四）でも、見た目のかわいさは、育ててみたいという気持ちのばらつきの半分（五五％）しか説明しません。残りの半分はそれ以外の要因によって決まるのです。また、コラム1で述べたように、どんな心理法則であっても、私たちはそれが示す平均値に従う必要はありません。事実を知ったうえでどう行動するかは、読者のみなさんに委ねられています。

手助けしたくなる

「迷子ロボットプロジェクト」をご存知でしょうか。二〇〇八年、ニューヨークの美術学校に通っていたキャシー・キンザーさんは「トゥイーンボット（Tweenbots）」というロボットを製作しました。[18] トゥイーンとは八歳から一二歳の子どもを指す言葉です。ロボットというと人工知能を備えた賢いものをイメージしますが、このロボットは身長が三〇センチくらいの段ボール製で、ゆっくりとまっすぐにしか進めません。それに行き先を書いた旗をつけて、ニューヨークのワシントンスクエアパーク（およそ三〇〇メートル×一五〇メートル）の端から端ま

17 https://www.mhlw.go.jp/content/000474624.pdf
18 http://www.tweenbots.com

図 6-5　迷子ロボット「トゥィーンボット」

キャシー・キンザーさんの好意により転載。Copyright ©2009 Kacie Kinzer

で移動させるというプロジェクトでした。公園内の道は入り組んでおり、直線では目的地まで到達できません。無事にたどりつけたのでしょうか。

製作者もうまくいくかどうか疑っていましたが、実際は、二九名の人に助けられ、四二分で到着しました。ニューヨークの人はやさしかったということもありますが、それ以外の理由も考えられます。図6-5左に示すように、このロボットは見た目がかわいかったのです。小さくて、身体に比べて頭が大きく、顔（目と口）があり、笑っているといった特徴を持っています。また、旗には「ボクを助けて！　公園の端まで行こうとしているから正しい方向に向けてね」と擬人化の手がかりとなるメッセージが書かれています。これらの特徴があるため、かわいいと感じられ、周囲の人々を引き寄せ、助けてもらえたと考えられます。図6-5右に示すように、動くことができなくても、見た人に行動を促すことができます。「ボクの家族に電話して」というメッセージボードを持っています。冷静に考えれば、ただの段ボール箱ですが、助けてあげたくなります。このロボットは、今ではニューヨーク近代美術館の永久コレクションになっています。[19] このような弱さを媒介として他者とのかかわりを作り出す発想は日本にもあります。豊橋技術科学大学の岡田美智男教授は、「弱いロボット」というテーマで、自分だけではごみを拾えないごみ箱ロボットや、たどたどしく話すロボット、ただ手をつないで歩くだけのロボットを製作しています。「かわいい」研究の視点から付け加えておきたいのは、単に弱いから助けてもらえるわけではないということです。単なる段ボール箱と見なされず、かわいいと感じてもらうには手がかりが必要です。ここで使われたのは、ベビースキーマや擬人化といった手がかりです。「かわいい」感情は、見た目だけで決まるものではありませんが、手がかりとしての見た目もやはり大切なのです。

二〇一五年八月一日、ヒッチハイクをして全米を横断中のヒト型ロボットが、フィラデルフィアで頭部を切断された状態で見つかりました。[20] ヒッチボット (hitchBOT) というカナダのプロジェクトで、二〇一四年の夏から世界各地を旅していました。[21] カナダでは、ハリファックス(東海岸)からビクトリア(西海岸)までの一万キロ以上を、一九回ヒッチハイクして、二六日

19 https://www.moma.org/collection/works/145467/
20 https://www.wired.co.uk/article/hitchbot-usa-vandalised-philadelphia/
21 http://www.hitchbot.me

間かけて移動しました。その後、ドイツやオランダも訪れました。二〇一五年七月一七日にマサチューセッツ州を出発し、カリフォルニア州のサンフランシスコを目指していましたが、途中で何者かに破壊されてしまいました。公式ホームページを見ると、大きさは小学生くらいですが、丸いゴミ箱に長い手足がついており、ガラスのヘルメットをかぶった宇宙飛行士のようです。あまりかわいい特徴が含まれていません。顔の部分のLEDスクリーンに笑顔（擬人化手がかり）がなければ、不気味ですらあります。もし、このロボットの見た目がもっとかわいければ、結果は変わっていたかもしれません。

頼みを断らなくなる

カリフォルニア州で行われたベルフィールドたち（二〇一一）の研究では、かわいいものがあると街頭アンケートに答えてもらいやすくなるという結果が得られています。実験1では、スーパーマーケットの前に机を置いて、臓器移植に関するアンケート（二一問）への回答を呼びかけます。実験は土曜日の日中に行われました。最初の週の土曜日には、机の上に一歳くらいの男の子の写真を置いた状態で一〇〇名（男女半数ずつ）に回答を呼びかけました。次の週の土曜日には、机の上に写真を置かず、同じように一〇〇名に声を掛けました。実験2では、ファミリーレストランから出てきた人にメニューの栄養表記についてのアンケート（二九問）に答えるように男女ペアのインタビュアーが頼みました。女性がヨークシャーテリアの子犬を抱えている条件と抱えていない条件を一〇名ごとに交互に行い、全部で一六〇名に声をかけました。

その結果、どちらの実験でも、かわいいものがある方が答えてくれる割合が高くなりました。実験1では、何もないと二六％（一〇〇名中、男性一六名、女性一〇名）でしたが、幼児の写真があると四九％（一〇〇名中、男性一七名、女性三二名）でした。実験2では、子犬がいないと三八％（八〇名中、男性一八名、女性一二名）でしたが、子犬がいると五四％（八〇名中、男性一六名、女性二七名）でした。特に女性の回答者が増えました。

フランスのゲーゲンとシコッティ（二〇〇八）は、四つの実験を行い、犬を連れていると周囲の人に助けてもらいやすくなることを示しています。バス代をもらうとか、落とした小銭を拾ってもらうとか、女性に声をかけて電話番号を聞き出すといった状況で、犬を連れているときには成功する確率が高くなりました。例えば、最後の実験では、二〇歳のハンサムな男性が二四〇名の若い女性に街中で声をかけて電話番号を聞きました。一人で歩いている女性に、「やあ、僕はアントニー。きみってかわいいね。これから仕事があるんだけど、電話番号を教えてくれないかな。電話するから、あとでお茶でもどう」と声をかけました。その後、一〇秒間にっこり笑って相手の顔を見つめます。申し出を受け入れてくれたら、種明かしして、お礼を言い、実験の目的や連絡先が書かれた紙を渡します（本当に電話番号は聞きません）。断られたら「ついてないな、じゃあね」といって他の参加者を探します。その結果、応じてくれた人は、犬を連れていないときは九・二％（一二〇名中一一名）でしたが、犬を連れているときは二八・三％（一二〇名中三四名）に増えました。犬を連れていると、持ち主の魅力が高まったり、動物好きで親切な人と思われたりするのではないかと著者たちは推測しています。

この他にも、犬を連れていると、街の中で知らない人から視線を向けられ、声をかけられやすくなるという知見があります。番犬のような頑強な犬よりも、優しそうな犬（ラブラドールなど）の方が、また、小さな成犬よりも子犬の方が、ほほえんだり話しかけたりする人が多かったという結果も報告されています。犬がいることだけではなくて、犬のかわいさが社会的交流を促進しているのです。

環境を守りたくなる

中国にある中山《ちゅうざん》大学の王婷婷《ワンティンティン》たちは、二〇一七年に発表した論文で、かわいいものに対する反応の個人差を「行動賦活系（ＢＡＳ：Behavioral Activation System）」の視点から説明しました。「系」というのは、身体の中で協調して働く一まとまりの機能のことです。報酬に対する感受性や、報酬に接近しようとする傾向の強さには個人差があり、それは行動賦活系の高低として質問紙で測ることができます。例えば、「欲しいものがあると、私はたいていそれを手に入れるために全力を挙げる」「何か好きなことをするチャンスを見つけると、私はすぐに興奮する」といった項目に、「当てはまる」と答える人が行動賦活系の高い人です。かわいいものは快なので、報酬に反応しやすい人の方が、その効果が生じやすいのではないかと考えたわけです。

ベビースキーマの特徴を多く含むかわいい動物の写真とそうではない動物の写真を使って、向社会的行動（他者のための行動）に与える影響が検討されました。研究1と2では、あわせて四四二名がインターネット実験に参加しました。「リサイクルは動物を救います。リサイクルしてください」と書かれたポスターを見て、どのくらいリサイクルしようという気になったか、どのくらい環境にやさしい製品を使おうと思うかを答えてもらいました。その結果、行動賦活系が高い人だけ、かわいい動物のポスターを見たときに、そうでない動物のポスターを見たときよりも、環境にやさしい行動をしようという気持ちが強くなりました。

では、行動賦活系の低い人にはどうしたらいいでしょうか。研究3では、ポスターの文言を変えて、行動賦活系に働きかけようとしました。動物保護の募金を呼びかけるポスターに一匹の犬の写真を載せます。かわいさの高い犬（幼犬）か低い犬（成犬）のどちらかです。その上に二種類のメッセージが書かれています。「あなたの募金で動物が救えます」に加えて、行動賦活系が高い条件では「募金は今です！」、低い条件では「募金してください」と書かれています。写真のかわいさの高低とメッセージの違いにより四種類のポスターができました。一四四名がインターネット実験に参加し、どれか一枚のポスターを見たあとに、実験参加のお礼（五〇セント）を動物保護に募金しようと思うかを、一点（まったくない）から七点（非常にある）

で答えてもらいました。すると、かわいい幼犬のポスターに「募金は今です！」と書かれているると、「募金してください」と書かれているよりも、募金する気持ちが高くなりました（平均三・二点対二・二点）。かわいさの低いポスターでは、文言による差はありませんでした。

最後の研究4では、八週間にわたる大がかりなフィールド実験を行いました。香港の大学の校舎と学生寮に、紙・プラスチック・金属の分別リサイクル箱を五二個設置しました。リサイクル箱の前面に貼るデザインを二種類作りました。両方ともかわいい動物の写真がついているのですが、片方は、こちらに向かって走ってくる動物の写真の上に「リサイクルは楽しい！」または「リサイクルするのは今！」と書かれており（行動賦活系を高めるデザイン）、もう一方には、止まっている動物の写真の上に「リサイクルしてね」「僕のためにリサイクルして」と書かれていました（行動賦活系を高めないデザイン）。走ってくる画像を使ったのは、動きを描いた図は緊急性を感じさせ注意を引きつけるので、すばやい行動に結びつくという先行研究によるものです。図6－6に、彼らが実験に使ったデザインに似たものを示します。

その結果、あわせて一四〇〇キロのリサイクルがありました。同じ場所に置かれたリサイクル箱について、何のデザインもつけなかった統制期間（最初の三週間）を基準として、実験期間におけるリサイクル量の変化を調べました。リサイクルの量は全体として実験期間を通じて増えていく傾向がありました。校舎では、行動賦活系を高めるデザインでは五五％増加したのに対し、そうでないデザインでは二％にとどまりました。学生寮では、それぞれ二七％増、

図 6-6　行動しやすいのはどっち？

Wang et al.（2017）が用いた刺激を参考に作成。

七％減でした。まとめると、かわいい写真に行動を促すメッセージが追加されると、環境にやさしい行動が増えることが示されました。

かわいいものに影響される人とそうでない人がいることは、別の研究でも示されています。ハディとガンソルスドティル（二〇〇〇）は、ニューヨーク州立大学の学生に、特定の生物の保護を訴える団体のメッセージを読んでもらい、その主張を支持するかどうかを尋ねました。このとき、メッセージにかわいい生き物の写真（サルや蝶）がついている場合と、醜い生き物の写真（虫やコウモリ）がついている場合を比較しました。すると、もともと環境保護に賛成で関心の高い人には、かわいい写真の効果がありました。つまり、保護する生き物がかわいいときに、団体の主張をより支持する傾向がありました。他方、経済発展重視の人や、環境保護派でもそれほど熱心ではない人には、かわいい写真の効果はありませんでした。この知見も、先ほどの王婷婷たちの研究と似ています。もともとアクティブに行動する傾向が強い人は、かわいいものを見るとパワーアップするのです。この効果が向社会的行動に限られるのか、反社会的行動であってもメッセージに従うようになるのかといった点は、今後の検討課題です。

第五章で述べたことと合わせると、かわいさに対する反応の個人差には二つの側面があります。かわいいと感じる程度には共感性（相手の心を察する力）が、かわいいものを見て行動が変わる程度には行動賦活系（報酬に反応する行動傾向）が関係していると言えそうです。

自分に甘くなる

これまでのベビースキーマ説では、「かわいい」感情には対象を世話する役割が想定されており、自分を律して丁寧に注意深くふるまうようになると考えられてきました。しかし、アメリカのネンコフとスコット（二〇一四）は、ベビースキーマによるかわいい（Kindchenschema cuteness：ここでは「幼いかわいさ」と呼びます）以外に、ポップで楽しく遊び心のある種類のかわいさ（whimsical cuteness：ウィムジカルは気まぐれなとかちょっと変わったという意味なので、ここでは「面白いかわいさ」と呼びます）があり、両者がもたらす行動傾向は異なると提案しました。

どちらも、「かわいい」「愛らしい」と感じるという点では一緒ですが、幼いかわいさは「弱い」「純真な」「世話したくなる」といった言葉で表現される状態と関連し、面白いかわいさは

「きまぐれな」「楽しい」「遊び心のある」といった言葉で表現される状態と関連します。面白いかわいさは、幼いかわいさとは違って、相手のために慎重になるのではなく、自分を甘やかす行動を引き起こすのではないかという仮説の下、四つの実験が行われました。私の知るかぎり、海外でベビースキーマ以外のかわいさに注目して実験的検討を行った最初の研究です。

実験1では、アメリカの大学生三三名が、アイスクリームの試食を行う実験に参加しました。面白い形をしたキュートなスプーンを使うと、飾りのないふつうのスプーンに比べて、すくう量が増え（五七グラム対四三グラム）、食べる量も増える傾向にありました（五三グラム対四二グラム）。

実験2では、八五名の大学生に文房具（ホチキス）の評価を求めました。ワニの口の形をした面白くてかわいいホチキスは、ふつうの緑色のホチキスと比べて、遊びに使いたいという答えが多くなり、仕事に使いたいという答えが減りました。

実験3では、一〇九名の成人がインターネット実験に参加しました。抽選で当たるギフト券として、カラフルな水玉のポップなカード（面白いかわいさ）、赤ちゃんの写真が載ったカード（幼いかわいさ）、文字だけが書かれたカード（かわいさなし）のいずれか一種類を見せます。そしてギフト券が当たったら見てみたいビデオを、リストから五本選んでもらいました。頭を使わなくても見られるお気楽なビデオを選ぶ割合（＝自分を甘やかす程度）を調べたところ、水玉のカードを見た人（七〇％）が一番高く、赤ちゃんのカード（五七％）とかわいさのない文字だけのカード（五八％）では変わりませんでした。

実験4では、一二七名の成人にインターネット実験を行いました。クッキーのサンプル写真（無地のクッキーか、笑ったライオンの顔のイラストが描いてあるクッキー）を見せ、近所に新しく出来た店で売っているところをイメージしてもらいました。その後、参加者に夕食の前菜をどうやって選ぶかを答えてもらいます（1：おいしいが脂の多いものを選ぶ〜7：味は劣るがヘルシーなものを選ぶ）。値が小さいほど自分に甘いということです。その結果、面白いかわいさのあるイラストつきのクッキーを見た人（四・〇）は、ふつうのクッキーを見た人（五・〇）よりも、自分に甘くなり、太るけどおいしいものを選ぶと答えました。しかし、クッキー店の名は「キッズ・クッキーショップ」だと伝えて幼いかわいさを強調した場合には、自分に甘くなる効果は減り（四・八）、ふつうのクッキー（五・〇）と同程度になりました。

以上の結果から、ネンコフとスコットは、面白いかわいさに触れると自分に甘くなるが、幼いかわいさを思い出させると、親や保護者としての自制心が引き出されるので、甘い行動が抑制されると説明しました。その後、スコットとネンコフ（二〇一六）は、抑制する方法をさらに検討しました。過去に自分の行動が良い結果をもたらした経験を思い出したり、ボランティアについての文章を読んで他者への責任を喚起させたりすると、面白いかわいさによって自分に甘くなる効果が低減できると提案しています。

台湾の李曉青《リーシャオチン》たちは、二〇一八年の論文で、お菓子の見た目と食べる量について三つの実験を報告しています。見た目がかわいいお菓子は、ふつうのお菓子に比べて、「おいしいです」とか「楽しむために食べましょう」と言われると、たくさん食べることが分かりました。反対に「健康に良い食品です」とか「健康のために食べましょう」と言われると、食べる量が減りました。私たちには「健康的な食べ物はまずい」「おいしい食べ物は健康に悪い」というステレオタイプがあります。かわいい見た目は楽しい気持ちを引き起こすので、それが食品を摂取する目的と一致しているときには消費量が増えるが、一致していないときには減るのだと著者たちは述べています。野菜などの見た目をかわいくすることで子どもたちに食べさせようとする試みが、これまでにもいくつか行われています。しかし、期待される効果は得られていません。それがなぜうまくいかないのかを、この知見は説明してくれます。

このことは、食べ物だけではなく、医薬品やサプリメントにも言えるでしょう。見た目をかわいくすれば親しみやすくなりますが、効き目が弱いと感じられるかもしれません。「効き目のある治療は痛い」「良薬口に苦し」といったステレオタイプに反するからです。女性向けということで、栄養ドリンクのパッケージをかわいくしたら、効果を感じられないかもしれません。逆に、子ども用の医薬品では、安全で優しいことを伝えるために、見た目をかわいくするのが役立つでしょう。これは中身とはまったく関係がありません。有害なもの（違法薬物や闇サイトなど）であっても、見た目をかわいくすれば、人々を引きつけ、親しみを感じさせ、悪い方向に誘導できてしまいます。このように、「かわいい」は悪用できることも意識しておきたいと思います。

癒される

かわいいものに癒されるとよく言います。「癒される」というのは日常語ですが、ここでは、何か悪い状態（苦痛や緊張感やストレス）が和らぐことと捉えます。私の知るかぎり、かわいいと感じることと癒されることとの関係を直接明らかにした研究はまだありません。

動物を見たり触れたりすることが健康（特に心臓血管系）に良いという研究はいくつかあります。例えば、北アイルランドのウェルズ（二〇〇五）は、動物の無音ビデオ（熱帯魚、セキセイインコ、サル〔コロブス〕）を一〇分間見ると、人間のビデオ（昼ドラ）や何も映っていないテレビ画面を見たときに比べて、その後のストレス課題（難しい文章を声に出して一〇分間読む）による心拍数と血圧の上昇が抑えられたという実験結果を報告しています。また、アメリカ心臓学会は、二〇一三年に、ペット（特に犬）を飼うことは心臓血管系疾患のリスクを下げることに関係するかもしれないという公式声明を出しています。

ドイツ・ロストック大学のビーツたち（二〇一二）は、動物と触れ合う効果には、オキシトシンというホルモンの分泌が関係するのではないかと提案しています。オキシトシンは、視床下部という脳部位で作られ、出産や授乳、性行為、優しく触れられるといった場面で脳下垂体から分泌されます。「愛情ホルモン」「幸せホルモン」などと呼ばれます。ホルモンとは、人体の特定の器官で生成され、血液などで運ばれて、別の器官に作用する物質のことです。鼻からスプレーでオキシトシンを吸入させる実験で、社会性を高める効果が示されており、自閉症の治療にも使えるのではないかと期待されています。しかし、誰でも仲良くなれる魔法の薬ではありません。「仲良くなる」という定義はあいまいです。身内と仲良くするために、知らない人に冷たくなるといったこともあるでしょう。オキシトシンを吸入させた実験でもそのような知見が得られています。

ペットを飼うことは健康によいという研究がある一方で、精神的不健康と結びついているという報告もあります。パースロウたち（二〇〇五）は、オーストラリアに住む六〇代前半の二五五一名を対象にした調査で、ペットを飼っている人はそうでない人よりも、うつの症状が多かったと報告しています。ミュラーたち（二〇一八）は、二〇一二年のアメリカの健康調査でペットについて回答した五〇歳以上のアメリカ人一六五七名について、ペットを飼っている人（五一・五％）はそうでない人に比べてうつ病になった経験が一・九倍多かったという結果を報告しています。この他に、健康状態とは関連がなかったという研究もあります。ペットを飼うことと健康状態との関係は単純ではなさそうです。

ペットの飼育はそれなりの経済的・身体的な負担を伴います。生き物でなくても、触れ合えるものが身近にあれば有益かもしれません。先ほど擬人化のところ（157ページ）で「所属欲求」について述べました。社会的につながることができないと、攻撃行動が増え、自己コントロールができなくなり、他人のために行動できなくなります。仲間外れにされると、心が痛みます。すると、実際に身体が痛いときと同じように、血圧が上がり、ストレスホルモンであるコルチゾールが分泌されることが知られています。

シンガポール国立大学のタイたち（二〇一一）は、このような心の痛みが、大きなぬいぐるみのクマ（テディベア）を抱くことで緩和されるという研究結果を発表しました。二つの研究に計二七六名の大学生が参加しました。仲間外れにされる状況は、実験的に作り出しました。例えば、性格検査の結果に基づいて「あなたは孤独に人生を終えるタイプです」と言われたり、チームで作業をするときに「あなたは誰からもパートナーとして選ばれませんでした」と言われたりします。これは心が痛みます。もちろん、これらの操作はでたらめであり、実験が終わったらしっかりと説明して謝罪します（それでもダメージが大きいので、現在の研究倫理基準では実施が認められないかもしれません）。その後、ぬいぐるみを抱くことがどのような効果を持つかを検討しました。八〇センチの大きさのテディベアをいくつかの項目で評価してもらうのですが、半数の参加者には膝の上に置き、残りの半数の参加者には手が触れないように机の上に置きました。評価するときは、実験者は退室し、参加者を三分間一人にしました。

ぬいぐるみの評価が終わったあと、向社会性を調べる課題を行います。他の実験にも参加してもらえないかと頼んで〇回から三回までで答えてもらったり、隣の部屋にいる知らない学生とお金（一〇ドル）を山分けしてほしいと頼んで相手にいくら渡すかを決めてもらったりしました。多くの実験に参加したり、多くの金額を相手に渡したりする行動を向社会的と見なします。向社会的行動は、仲間外れにされてぬいぐるみを見るだけの人では低下しましたが、ぬいぐるみを抱いた人では回復しました。仲間外れにされなかった人は、ぬいぐるみを見るだけでも抱いても違いがありませんでした。

この実験は、ぬいぐるみで癒される可能性を示す一例です。ぬいぐるみは、特に幼い子どもにとっては情緒的サポートになります。親から離れて一人で眠らなければならないときでも、ぬいぐるみと一緒なら大丈夫といった具合です。ふわふわでやわらかい触感が安心感を生み出すのでしょう。おとなになっても、そのような傾向は持続するかもしれません。国際電気通信基礎技術研究所（ATR）の住岡英信さんたち（二〇一三）が行った実験では、抱き人形をかかえた状態で、人形に埋め込まれた携帯電話を使って一五分間会話すると、単に携帯電話を使って会話するよりも、ストレス反応であるコルチゾールの分泌量が減ったという報告がなされています。「かわいい」の研究は、これまで視覚中心で行われてきましたが、今後は見るだけでなく、触れることについても注目する必要があるでしょう。

◆この章のまとめ◆

この章では、かわいいものに出会ったときに生じるさまざまな反応について紹介しました。ここで紹介した効果が「かわいい」感情だけに当てはまるかどうかは明らかではありません。

もっと一般的なポジティブ感情の効果かもしれません。注意が向く、笑顔になるといった個々の反応は、他の場面でも生じるでしょう。「かわいい」感情の特異性は、これらの反応が並行して生じるところにあると考えられます。次の章では、こういった「かわいい」についての知見が、社会でどのように生かせるかについて、現在進行中の研究も含めて紹介します。

コラム6

論文に書いてあることを信じてよいか

二〇一五年夏（八月二八日号）の『サイエンス』誌に衝撃的な記事が掲載されました。実験心理学のトップジャーナル三誌に二〇〇八年に出版された論文から一〇〇の実験を選び、世界中の研究者が協力して追試を行ったところ、再現できたのは約四〇％にとどまったというのです。追試できなかった実験には、心理学の教科書に載っているような研究も含まれていました。

科学論文に書かれた知見の半分以上が、実は正しくないかもしれないと言われたら、相当なショックです。この本で紹介している研究の中にも、再現できない知見があるかもしれません。そう考えると、実験心理学というのは当てにならない学問なのでしょうか。

こうした報告に対して、両極端の反応が生じます。一つは、心理学者を詐欺師のように扱い、心を科学で理解しようとするすべての試みは信用できないと否定することです。もう一つは、こういう報告にもかかわらず、実験で得られたのだから一部は正しいのではないかと、元の知見を頑固に信じ続けることです。どちらの考え方にも問題があります。

科学とは唯一不変の真理だと考える人がいるかもしれませんが、実際は常に未完成です。オーストリア出身のカール・ポパーという哲学者は、一九三〇年代に、科学の条件として「反証可能性」を挙げました。ある言説が科学的であるためには、新しい知見によって反証できる余地がなければならないというのです。反証可能性がなければ、新しくデータを取る必要がありません。データを取るのは、今の考えを更新するためです。

科学の本質は、変化し続けることによって、真理に近づいていくことです。究極的な真理があるかどうかは私たちには分かりません。しかし、個々の分野では、科学的知見は少しずつ正しい方向に更新されていっています。だから、先ほどの報告は、ショックではあっても、「まだまだ道は長いぞ」という現状を示し、より良い方法を考えてみようと言っているだけで、実験心理学の試み自体を否定するものではないのです。

また、個々の知見を信じる信じないというのは、科学とはあまり関係のないことです。科学で大切なのは、関連する現象を説明し予測できる一貫した枠組み（理論）です。正しいデータが集まれば、自動的に正しい認識にたどりつけるわけではありません。断片的なデータをまとめて、そこから一貫したストーリーを生み出せるかどうかが求められているのです。

なお、「〇〇科学者」と名乗る人が、テレビ番組などでいろいろなことにコメントしているのを見ることがあります。これについては話半分で聞くのがよいでしょう。科学者は、自分で研究して自分でデータを取っているかぎりは専門家ですが、それ以外のことについては素人と変わらないからです。

真の科学者であろうとするのは、とてもしんどいことです。自分が努力してつかもうとしているものが、いつか否定される可能性に気づいていなければなりません。実験手続きやデータをオープンにすることで、誰かが自分の発見を崩しにかかってくるのを黙認し、時には手助けする必要もあります。探究の歩みはとても遅く、時間もエネルギーもお金もかかります。でも、そうやって少しずつ進んでいくことにささやかな喜びを見いだせる人が科学者なのです。

ハードボイルドの代名詞である探偵フィリップ・マーロウのセリフに「強くなければ生きてはいけない。優しくなれないのなら生きている値打ちがない（If I wasn't hard, I wouldn't be alive. If I couldn't ever be gentle, I wouldn't deserve to be alive.）」という名文句があります。それにひっかけるなら、「厳しくなければ研究はできない。オープンになれないのなら研究を続ける値打ちがない」と言えるかもしれません。

第七章

「かわいい」の応用

カワいいモノ研究会

広島大学で「かわいい」の研究をしていた二〇一四年、経済産業省中国経済産業局の係長だった佐藤健太郎さんが研究室を訪ねてきました。「カワいいモノ研究会」(「カワいいモノ」ブランドデザイン戦略事業)というプロジェクトを立ち上げるので、アドバイザーになってほしいというのです。[22]「カワいいモノ」とは「かわいく」て「良い」商品という意味です。質は高いが敬遠されがちな地元の伝統工芸品に「かわいい」という要素を加えることで、手に取ってもらいやすくできないか。研究会という形で、賛同する企業やデザイナーを集め、「かわいい」とい

22 https://www.chugoku.meti.go.jp/kawaii/

うテーマに沿って商品開発をしていこうというプロジェクトでした。

企画書には、

　思わず微笑んでしまう、ふと手を伸ばしたくなる、心が和む、親しい人に見せたくなる。そんな「カワイイ」の特性と、高い品質を誇る日本の伝統的工芸品・工業製品の「いいもの」を掛け合わせた、「カワいいモノ」。そのコンセプトにあった商品開発や販路開拓に、事業者とデザイナーがパートナーとなり取り組みます。

とあります。

最近は、産学官の連携・共創ということがよく言われます。それが成功するか失敗するかは、アイデアが立派かどうかではなく、実務を行う担当者が本気かどうかによって決まります。この研究会は佐藤さんの熱意で始まり、それが私や企業の方々を巻き込んで成長し、一定の成果を出したプロジェクトとなりました。

マーケティングに長けた人を中心として商品開発や販路開拓を行う取り組みはよくあります。しかし、この研究会は、「かわいい」に特化して、学術的知見に基づいて商品開発を進めたという点で異色でした。テレビや新聞にもたびたび取り上げていただきました。

最初の年は中国四県（広島・岡山・鳥取・島根）の会場で「かわいい」について一時間の講

演を私が行い、研究会に参加する企業やデザイナーを募集しました。翌年には、九州・四国・近畿など、西日本全域に拡大して、同様の取り組みを行いました。

さて、「カワいいモノ」という概念に対する聴衆の反応には、いくつかのパターンがありました。年配の経営者は、どこか別の世界の出来事と見なし、リアルに考えない傾向がありました。一方、新しい挑戦を求めている若い人（ここでは実年齢というより気持ちの問題です）は、上司や周囲を説得する材料として受け取ってくれたようです。

かわいいモノを作るというと、何かの特徴を商品に組み込み、それに「かわいい○○！」というコピーをつけて売ることだと考えられがちです。確かに、かわいいと感じられやすい物理的特徴は存在するので、それについての知識を持つのは良いことです。しかし、最終的には相手が「かわいい」と感じて行動してくれないと、かわいいモノづくりの目的が果たせません。そのため、「かわいい」と銘打った商品を作るのではなく、こちらは何も言わなくても、相手に「かわいい」と言ってもらえるような商品を作ることを目指しました。

図7‐1に、カワいいモノ研究会で実際に説明に使った、「かわいい」をモノづくりやサービスづくりに生かすための方略を示します。ベビースキーマや笑顔、丸み、色といった「かわいい」の要素は大切ですが、それだけでは不十分です。それらを手がかりとして、お客さんが自発的に「かわいい」感情を抱くように工夫しないといけません。最終的に影響を与えたいのは、お客さんの行動だからです。ターゲットとするお客さんの感情から逆算して、どんな手が

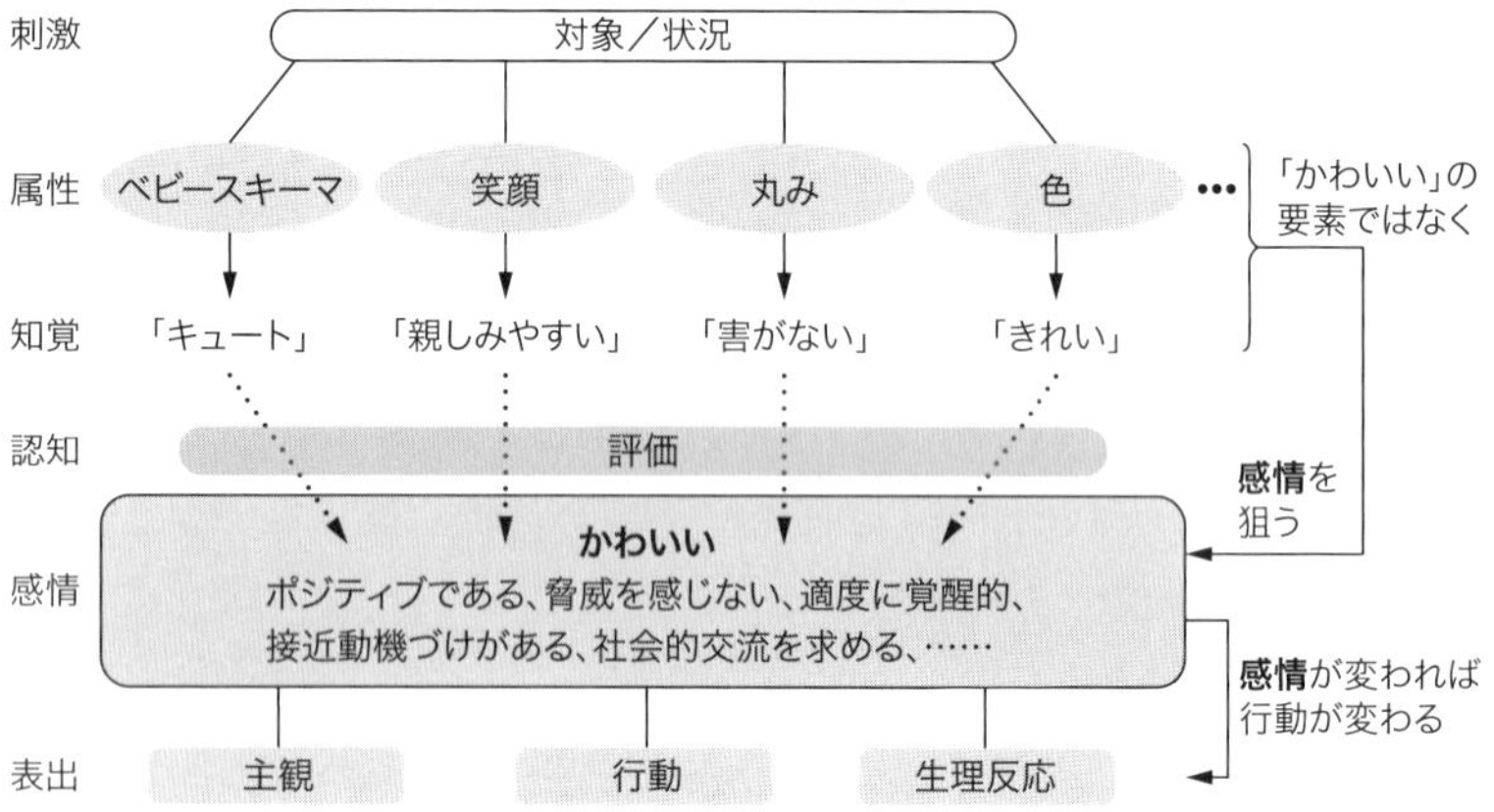

図 7-1　「かわいい」をモノづくりとサービスづくりに生かすための方略

かりを入れたらいいかを決めていきます。試作品の評価会では、手に取るか、笑顔になるかといった行動にも注目しました。

図7-2に、その成果として作られた商品をいくつかご紹介します。上の写真は、化粧筆（メイクブラシ）です。広島県安芸郡熊野町は古くから書道筆の産地として知られています。最近は化粧筆の製造も行っています。株式会社晃祐堂は、左上にあるピンク色のハート形の化粧筆を初めて開発し、注目を集めました。カワいいモノ研究会ができる以前のことです。社長の土屋武美さんによると、もともとは肌に接触する穂先の部分を、従来の一つではなく二つにしたほうがマッサージ効果があるのではないかという機能面の改善からスタートしました。そのついでに、従来は黒や白が主流であった穂先をピンク色に染め、ハートとして売り出したところ、大ヒット商品となりました。

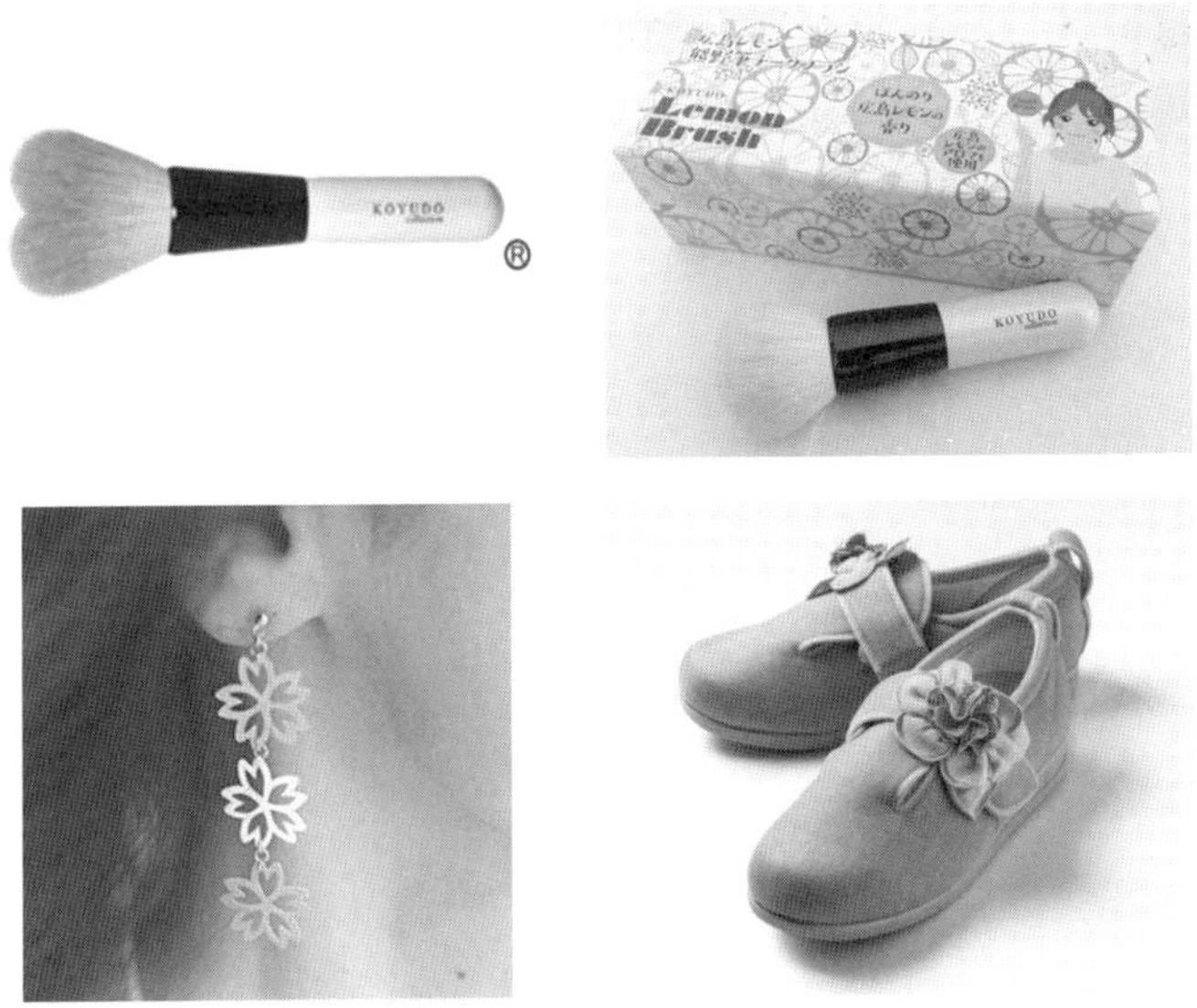

図 7-2　伝統工芸品と「かわいい」の融合

左上：「ハートのチーク」株式会社晃祐堂、右上：「広島レモン熊野筆チークブラシ」株式会社晃祐堂、左下：「SAKURa（サクラ）」YOBOTY（株式会社ティエスピー）、右下：「ダブルマジックⅢダリア」株式会社クレソン

その会社が研究会の活動として最初に作ったのが、右上に示す広島レモン熊野筆チークブラシでした。穂先は黄色く、ほのかにレモンの香りがします。この箱のデザインについては賛否がありました。使われている文字のフォントなどが「かわいくない」という意見もありました。しかし、結果としてこれはこれで良いことになります。なぜなら、「かわいい」の発想を商品開発に生かすとき、商品をかわいくすること自体は目的ではないからです。目的は、手に取ってもらい、買ってもらうことです。この商品は、広島の特産品

であるレモンをモチーフにしたこともあり、駅や空港の土産物売り場に置かれました。そのときの顧客は、使う本人ではなく、家族へのお土産として手に取る中年男性かもしれません。いかにも若い女性向けのデザインだったら、手を出しにくくなってしまうでしょう。「おやじにとってかわいく見える」パッケージをあえて選んだ土屋社長のセンスには脱帽します。晃祐堂はその後も、果樹園から届いた果物をイメージした「SOMELL GARDEN」シリーズなどを開発しています。[23]

図7－2の左下は、和紙で作られたイヤリングです。鳥取県には、伝統工芸である因州和紙があります。鳥取市にある株式会社ティエスピーのモロヨシショウコさんは、「和紙の魅力を伝えたい」という思いを、研究会のなかで形にし、YOBOTYというブランドを立ち上げました。[24]写真は、「SAKURa（サクラ）」という商品で、意匠登録もなされています。和紙ですが、丈夫な素材が使われており、また香水をしみこませることで、ほのかに香るアクセサリーになりました。フランスのMAISON&OBJET PARISといった海外見本市でも高い評価を受けました。

右下は、花モチーフの介護シューズです。岡山市にある株式会社クレソンは、服飾雑貨を扱っており、特に布による「お花飾り」を得意としています。[25]社長の正本義昭さんは、研究会のなかで、介護施設用のかわいい靴を開発しました。もともと帽子やハンカチに花飾りをつけたものを販売していましたが、顧客のニーズに応える形で、「かわいい」の要素を付け加えた施設用の靴を開発しました。決して安価ではありませんが、質がよく、高級感があり、高機能なうえに、かわいいことで、ギフトとしても需要が多いようです。贈った相手が喜んでくれたというお礼のはがきをいただくことがあるんですと、正本さんは本当にうれしそうに話してくれました。

このように成功した商品開発では、単にかわいいだけでなく、機能面での裏づけがあります。「かわいい」は、商品を手に取るきっかけ・入り口になります。しかし、それを買ってもらうには、それだけでは不十分で、お金を出してもいいと思える合理的な理由づけが必要になります。安っぽい、高級感がないといったイメージのある「かわいい」ですが、機能面での優位性や品質の確かさがあれば、購入に至る納得感を与えることができます。「かわいい」トライアングルとして述べたように、ギフトを媒介として人と人がつながることができます。相手を笑顔にするためにギフトを贈ること。これも「かわいい」の力だといえるでしょう。

ギフトをあげるときは相手が笑顔になることを優先するというアメリカの研究があります。ヤンとアーミンスキーは、二〇一八年に発表した論文で、ギフトをあげる人ともらう人には認識のずれがあることを実証しました。合わせて一四〇〇名以上を対象にした六つのインターネット実験により、ギフトを贈る人は、もらう人が本当に満足するモノではなく、その場で分か

23 http://www.koyudo.co.jp
24 https://www.yoboty.com
25 https://cresson1986.com

りやすい感情反応（笑顔）を生むモノを選ぶ傾向があるというのです。

例えば、結婚式のお祝いとして、名前と日付入りのマグカップと、デザイン賞を受賞した使いやすいマグカップがあるとしましょう。贈る人は名前と日付が入った方を選びやすいのですが、もらう側はどちらも同じように満足します。贈る人は、相手が分かりやすい感情反応を示しそうなモノを選ぶことによって、自分で楽しんでいるのです。この選択のバイアス（著者たちは「笑顔追求仮説」と呼んでいます）は、プレゼントを直接手渡すときには大きく現れますが、その場に自分がいないときは減ります。

他の実験で、電子機器（スマホにつなげられる無線スピーカー）をプレゼントするときのおまけとして、きれいな包装サービスと、実用的な追加機能のどちらを選ぶかを尋ねると、もらう側は追加機能が欲しいという人が多かったのですが、贈る側は、直接手渡すときだけ、きれいな包装を選ぶ割合が増えました。また、クリスマスのギフトでも、相手に直接手渡すときには、相手が長期的に満足するモノよりも、その場の感情反応が大きくなりそうなモノが選ばれやすいという結果が得られています。

かわいいモノがギフトになりやすいのは、相手の喜ぶ感情反応が大きく、それが贈る側の楽しみになるからです。株式会社サンリオの企業理念である「Small Gift Big Smile」は、それを体現しています。しかし、ここで述べた実験心理学の知見によれば、相手が喜んだ反応をその場で示すことが、かならずしも長期的な満足につながるとはかぎりません。そう考えると、カワいいモノ研究会が目指した「見た目がかわいくて中身がいいモノ」は、贈る人と贈られる人の双方に満足をもたらす最適なギフトだと言えるでしょう。

「かわいい」瞑想

「かわいい」は、対象の性質にも影響されますが、最終的には見る人が心で感じるものです。同じものであっても、ストレスによって追い詰められたり、心がささくれだったりしているときには、かわいいと感じられないこともあるでしょう。児童虐待のニュースを聞くたびに、また、自身の子育て経験を振りかえっても、ゆとりがないときは、かわいいという感情がわきにくくなるのではないかと思います。

書家相田みつを氏の言葉「しあわせはいつもじぶんのこころがきめる」のように、「かわいい」も最後は自分の心が決めるものです。ふだんかわいいと思うものが、かわいいと思えなくなっていたら、それは自分が心のゆとりをなくしている黄信号なのかもしれません。

「かわいい」感情には社会性が含まれているので、臨床心理学の場面でも使えないかと考え、東北学院大学で臨床心理学（認知行動療法）を教える金井嘉宏さんと共同研究を進めてきました。対人不安が高い人も赤ちゃんであればかわいいと感じるので（127ページ）、そこを切り口として、対人関係の改善が見込めないかと考えたわけです。

現在は、「『かわいい』瞑想」という取り組みを始めています。少し前まで、瞑想（メディテーション）というと、宗教的・神秘的で、どこか胡散《うさん》臭いイメージが付きまとっていました。しかし、海外のビジネスリーダーやグーグルも採用しているといった触れ込みで、日本でも関心が高まり、実践する人も増えています。

仏教から始まり、現在は科学的な研究も行われている瞑想法の一つに、「慈悲（慈愛）の瞑想」というのがあります。仏教には、「四無量心（仏は四つの方面に心をかぎりなく使う）」という考え方があります。四つの心とは、慈悲喜捨です。「慈」は相手の幸せを願う心〔慈しみ（loving-kindness）〕、「悲」は相手の苦しみを取り除きたいと思う心〔同情（compassion）〕、「喜」は相手の喜びをともに喜ぶ心（empathic joy）、「捨」は相手に対して平静に（悟った状態で）向き合う心（equanimity）です。僧侶の草薙龍瞬氏は著書『これも修行のうち。』のなかで、かわいいと思うのは「喜」の心であると書いてます。相手の喜びを一緒に喜ぶというのが「かわいい」感情に一番近いかもしれません。

慈悲の瞑想では、この四つの心をまず自分に願い、それを生きとし生けるものにまで広げていきます。「私が幸せでありますように、私の悩みや苦しみがなくなりますように、私の夢や願いが叶えられますように、私に悟りの光が届きますように」。次に、この祈りを、大切な人、親しい人たちに広げ、最後に生きとし生けるものにまで広げていくのです。

二〇一五年に出版された論文では、二四の異なる研究のデータをまとめて再分析しています。その結果、慈悲の瞑想では、同情に焦点を当てるよりも、相手の幸せを願うことに焦点を当て

図 7–3 どんなものでも自分がかわいいと思うものに「かわいい」と言ってみよう

た方が、日常的なポジティブ感情を改善する効果が大きいことが示されました。

「かわいい」瞑想にはまだ決まった形はありませんが、かわいい写真や「かわいい」という言葉を活用するところに特徴があります（図7‐3）。赤ちゃん、子犬や子猫など、その人がかわいいと感じる写真は注意を引きつけますし、ポジティブな感情を引き起こしますから、何もない状態で実施するよりも効果的で、「今ここ」に集中しやすくなります。それを目の前にしながら、「かわいい〜かわいい〜かわいい〜」とゆっくり声に出していきます。口の周りの筋を動かすことが目的なので、小声でもけっこうです。「かわいい」という気持ちを思い出したら、口の動きは止めてもかまいません。対象への発話が終わったら、今度は「私はかわいい〜私はかわいい〜私はかわいい〜」と唱えましょう。たとえ他の人が自分をかわいいと言ってくれなくても、自分で自分にかわいいと言えばいいのです。

本当にそう思っていなくても、言っているうちに気分が変わってきます。「そうではない」と反対したくなる気持ちが起こっても、それを抑えつけようとはせず、流れる水をただ見送るように、淡々と「かわいい〜かわいい〜」とつぶやいてください。自分の嫌いなあの人も、赤ちゃんのときは、こんな愛らしい姿だったかもしれない。そんなイメージも抱きながら、「かわいい」気持ちに浸ってください。きっと穏やかな心になるでしょう。

慈悲の瞑想は、私の幸せを念ずるところから始まります。しかし、これは日本人にとっては少し気恥ずかしいことです。まず、「かわいい」と自然に思える自分以外の対象からスタートし、そのときの感情をよく味わったうえで、次に自分、そして親しい人、嫌いな人、生きとし生けるものというように広げていく方が取り組みやすいと思います。

「かわいい」瞑想は、すでに効果が認められている慈悲の瞑想をベースにしています。そのうえでさらにどのくらいの効果があるかは、今後の研究で明らかになっていくでしょう。

高齢者にとっての「かわいい」

「かわいい」は、当初から若者、特に女性の文化として注目されてきました。第二章と第三章で見たように、かわいいものに対する関心も、かわいさを弁別する感度も、若い女性が高いことは確かなようです。

一方、日本は超高齢社会を迎えています。よほど大きな変化が起こらないかぎり、今後若い女性の割合が増える可能性は少ないでしょう。日本の人口構成において、一〇～二〇代の若い女性が人口に占める割合は、一九九〇年までは一四％を超えていましたが、その後低下をたどり、二〇一八年末には九％になっています。[26]

この傾向が続くなかで、「かわいい」の良い面を残していくためには、高齢者にとっての「かわいい」を考える必要があります。そこで、高齢者研究が専門である同僚、豊島彩さんを誘って、高齢者が「かわいい」をどう思うかについてのインタビュー調査を行いました。若者なら誰でも知っている「かわいい」文化のサンプルとして、株式会社サンリオからハローキティやシナモロールなど定番のキャラクターを提供していただき、それに対する反応も観察しました。詳しい結果は現在論文にまとめていますので、ここでは結果の一端を書きます。

意外だったのは、インタビューを受けてくださった方々がキャラクターに対してほとんど関心を示さなかったことです。高齢者とひとくくりにすることはできませんが、一般的な傾向として、自分とはまったく違う次元に存在するもの、異質なものとして認知していました。インタビューをしたのは若い女性だったので、そのギャップの大きさを余計に強く感じたのかもしれません。また、昔は「かわいい」ではなく「かわいらしい」と言っていたという発言もありました。

26 https://www.stat.go.jp/data/nihon/02.html

それでも、かわいいものや「かわいい」感情そのものに対しては肯定的に受け止めていました。どうやら年を取っていくと、見た目からかわいさを感じることは減り、相手との関係性によってかわいさを感じるようになっていくようです。見た目が重要でなくなるという傾向は、加齢に伴う視覚機能の低下（老眼や色覚の変化）とも関係しているのかもしれません。老眼によってピントが合いにくくなるだけでなく、水晶体（目のレンズ）が白濁・黄変することにより、明るさが失われ、色の鮮やかさが失われます。ピンク色も褐色を帯びて見えるようになります。若いときは視覚優位だった「かわいい」が、別の形に変化するのかもしれません。

こうした知見は、今後、ロボットの開発など、高齢者と社会的関係を結ぶ仕組みを作るときに役立つでしょう。若者にアピールするには、見た目を幼くキュートにすれば、短期的に一定の効果を上げることができます。ロボットの開発者には若い人が多いので、どうしてもその方向が強くなると考えられます。しかし、同じ方法は高齢者には当てはまらないかもしれません。見た目で短期的に勝負するのではなく、長い時間をかけて関係性を作り、「かわいい」感情を育てていく。それが高齢化社会における「かわいい」の一つの望ましい姿です。見た目ではなく、存在感とか触感のようなものが、より重要になってくるかもしれません。

◆この章のまとめ◆

この章では、「かわいい」に関する基礎的な研究が、社会とどのような接点を持つかについて紹介しました。基礎研究の成果が社会に影響を与えるまでには、乗り越えるべき多くの壁があります。また、どんなに優れた発想であっても、時機を得ないこともあります。結局のところ、成功するかどうかは、良いアイデアを思いつくかどうかではなく、情熱をもってやりとげるかどうかによって決まります。一人ですべてを担うことはできませんから、分野の違う人たちと一緒に進んでいく必要があるでしょう。次の章では、「かわいい」と日本文化の関係について考察し、今後の展開についての私見を述べます。

コラム7

実験心理学は社会に貢献できるか

社会は人間によって構成されています。だから、人間の心を扱う心理学は、すぐに社会の役に立ってもよさそうです。しかし、実際はなかなか簡単ではありません。それがなぜかを説明しておきましょう。

いろいろな学問には基礎と応用があります。基礎とは、原理や一般法則の探究に力点があるもの、応用とは個別の問題解決に力点があるものです。両者は連続体であり、重みづけが違います。人間そのものには基礎も応用もないので、たいていの心理学者は両方に目配りをしています。

基礎心理学が扱う原理と、現場で求められる答えとの間には、具体性の点で大きなギャップがあります。心の一般法則が分かっても、商品やサービスの開発に直結するわけではありません。例えば、第五章で述べたように、丸いものは角があるものに比べて好まれます。しかし、それが分かったとしても、具体的なモノが作れるわけではありません。現場が必要とするのは、どのくらい丸くすればいいかという細かい仕様であり、それは用途や流行によっても変わります。悪いことに、実験心理学者はそういった個別の事例を扱うことにあまり関心がないのです。

私が教えている学生にも、心理学の知識を生かして社会の役に立ちたいという意欲を持った人たちがいます。彼らは、基礎的な研究よりも、応用的な研究を希望します。そういう学生の相談に乗るとき、私はいつも「役に立つかどうかは使う人が決めるんだよ」と言います。君たちが「役に立つだろう」と思うことと、現場の人たちが求めていることの間には、大きなギャップがある。現場のニーズに基づかないことを「応用研究」として実施するのは自己満足にすぎない。広い視野を持って研究テーマを選ぶことは大切だが、大学にいるうちは基礎的で厳密な研究を行いなさい。企業が求めるのは、具体的な答えを知っている人ではなくて、与えられた問題を解決に導く方法論とスキルを持っている人のはずだ。それは緻密に研究に取り組む過程で身につけるものだよ、と。

それでは、心理学の基礎を学ぶことで、何が身につくのでしょうか。それは「人間についての理論」だと私は考えます。最近はビッグデータの時代と言われ、さまざまなデータの共変関係から人間の行動を予測する試みがなされています。私たちには気づかない複雑な関係性を発見し、人間の行動をより正確に予測することは、人工知能（AI）ならできるでしょう。しかし、データというのは、過去から現在までの状態を表したものです。人間はこうあるべきだとか、こういうのが望ましい姿だとかいう理想像を描いたものではありません。

心理学が本来扱うべきものは、「人間とはこういうものだ」という理論です。個々の研究で得られる知見を超えたものであり、ある種の人間観です。生物学的側面を含めて、人間とはこういう存在だと分かれば、そこから「こうしたらよい」とか「こうはならない」と言えるようになります。

私はこれを「補助線を引く」と表現しています。正解を直接示すことはできなくても、この範囲内に正解があると絞り込めます。なぜなら、生き物としての人間には制約があるからです。科学は一般法則を教えてくれますが、個別の答えは示してくれません。これは自分自身のことについても同じです。私はなぜ今ここに存在しているのか、私はどう生きたらいいのか。そういった個人の問題（実存）に科学は答えてくれません。しかし、生きるうえでの補助線は示してくれます。

心理学を専門として学ぶ学生には、人間についての理論を身につけ、他の専門家と議論できるようになってほしいと思います。そして、周囲の人たちを巻き込んで、社会の具体的な問題に取り組んでください。

第八章
「かわいい」はなぜ大切か

「かわいい」の二層モデル

これまで「かわいい」に関する心の仕組みについて述べてきました。人間の心の法則には、生物学的基盤があります。そのため、日本に限らず、世界のどこでも、「かわいい」感情は存在するでしょう。しかし、それでは問題の半分しか説明できません。残された疑問は、他の国ではなく、なぜ日本で「かわいい」文化が生まれ、これほどまでに発展したかです。

この点は、私の専門を超えているので、推測の域を出ません。ただ、論理的に考えれば、次のような仕組みが想定できます。ある感情が社会のなかで注目され、価値があるとされるかどうかは、歴史や文化によって変わります。日本には、かわいいものに対する生物学的な反応が社会的に注目され受容される歴史的・文化的な背景があったということです。

このような視点から、生物学的な基盤（感情としての「かわいい」）と社会文化的要因（価値観としての「かわいい」）という二層構造として「かわいい」を捉える説を、『かわいい』の二層モデル」と名づけて二〇〇九年に提案しました。これまで、日本における「かわいい」の研究は、社会文化的要因への言及が中心であり、その深層にあるはずの生物学的基盤（心理法則）については十分に検討されていませんでした。この基盤を理論化しなければ、「かわいい」は限られた国の限られた文化で終わってしまいます。

かわいいものに注目する傾向は、第一章で述べたように、日本では平安時代からありました。清少納言や紫式部など、多くの女流作家の作品が社会で認知されたことは、世界の歴史に例がないと言われます。少し時代をさかのぼり、『土佐（左）日記』（九三五年頃）に至っては、紀貫之（男性）が女性に託して仮名文字を使って書いています。おそらく硬い漢文では表現しきれなかった心の動きを、仮名文字で描こうとしたのでしょう。このような女性的感性の尊重が、その後も変わらず続いたかどうかははっきりしません。武家の時代になり、男尊女卑的な傾向のある儒教の下では、柔らかい女性的感性が表舞台に出ることは減ったかもしれません。ただ、民芸品などを見るかぎり、日本の庶民文化の根底には女性的感性が連綿と続いてきたような気はします。現在、「かわいい」文化を語るときに必ずと言っていいほど『枕草子』が取り上げられ、多くの人々がその歴史的説明を誇らしく思うことも確かです。

「かわいい」の文化論については、これまでたくさんの本が書かれています。私の知るかぎり、一九八〇年代後半に出版された「少女論」に始まります。巻末にリストを載せました。詳しいことはそちらに譲りますが、一つだけ書いておきます。それは、今でこそ「かわいい」は日本のポップカルチャーを代表する言葉として持ち上げられていますが、二〇～三〇年前までは、まじめなおとなにはまったく縁のないものであり、むしろ何でも「かわいい」という若者の語彙力のなさを嘆く人が多かったのです。このように、日本社会が「かわいい」に対して常に寛容であったわけではありませんが、その感性は日本の風土に根ざしています。以下では、日本文化論の中から「かわいい」に関連するアイデアをいくつか紹介します。

「甘え」と「かわいい」

東京大学の精神科医であった土居健郎氏は一九五五年頃から、「甘え」という概念を提唱しました。「甘え」とは、他者の愛情や受容を得ようとする行動や動機であり、日本人には特になじみがあると指摘しました。そして、「甘え」という心理現象は人間に共通しているが、「甘え」に相当する言葉は他国にはないと述べています。土居氏は、この概念を通じて日本人の心性を論じるとともに、さまざまな精神医学的問題の解明に取り組みました。

その後、欧米でも、養育者との親密な関係に着目した愛着（アタッチメント）理論が発展し、このような心理傾向は日本人にかぎらないことが確認されました。人間が潜在的に持っている心理傾向のうち、どれが社会のなかで注目され受容されるようになるかは、文化によって変わるのでしょう。

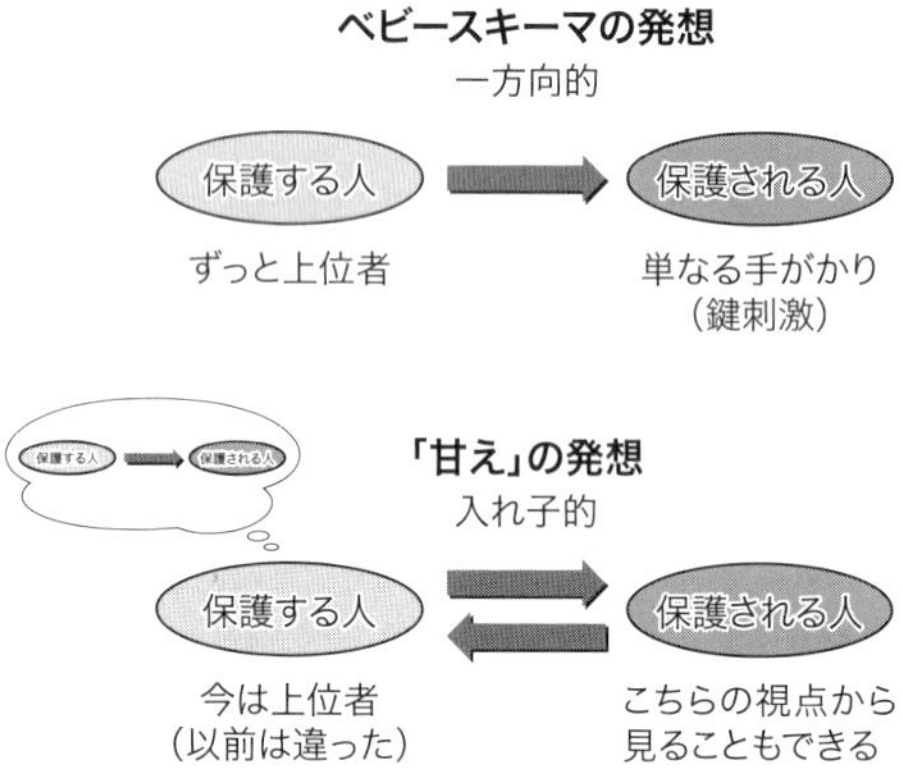

図 8-1　ベビースキーマと日本の「甘え」の発想の違い

心理現象を捉えるのに言葉から出発している点で、「かわいい」は「甘え」と似ています。『「甘え」の構造』という本が出版されてベストセラーになったのは一九七一年のことです。当時は、中根千枝氏の『タテ社会の人間関係』（一九六七）やイザヤ・ベンダサン（山本七平）氏の『日本人とユダヤ人』（一九七〇）など、日本人論がブームでした。一九七〇年には大阪万博が開催され、世界と日本の違いをはっきりさせたいという意識が強かったと考えられます。

「甘え」の発想は、ベビースキーマの発想とは異なっています。図8－1に示すように、ベビースキーマ説では、かわいい対象は周囲の注意を引きつけ行動を引き起こすきっかけや手がかりとしてしか考えられていません。一方、「甘え」の発想では、かわいいと思う相手の立場からも状況を見ることができます。つまり、甘えてくる子猫を見たとすれば、自分も誰かに甘えていたことや甘えたい気持ちを思い出すかもしれません。

このように、「甘え」の視点を取り入れると、「かわいい」は一方向的なものではなく双方向的なものとして捉えられます。

アリゾナ州立大学のシオタたち（二〇一一）は、「かわいい」に関連した感情を「養育愛情（nurturant love）」、「甘え」に関連した感情を「愛着愛情（attachment love）」と呼んで区別しました。どちらもポジティブな感情ですが、心理生理的な反応は異なることを示しています。しかし、この二つの感情は独立したものではなく、少なくとも日本では、持ちつ持たれつの入れ子の構造として捉えた方がいいのではないかと私は考えています。

「縮み志向」と「かわいい」

韓国の評論家、李御寧《イーオリョン》氏は、韓国や中国などと比べて、日本には、あらゆるものを縮めようとする特性が存在すると指摘し、それを「『縮み』志向」と名づけました（一九八二年）。例えば、あおいで風を送るための「うちわ」は世界中にありますが、紙や板を束ねて手で握れ携帯できるようにした「扇子」は、日本で発明されたと言われています（ちなみに、折り畳み傘はドイツの発明品です）。この他、風呂敷や俳句、変わったところでは、正座も縮みの文化によるものだと言っています。時間軸上の縮みとして、「一期一会」「一生（一所）懸命」といった言葉を挙げています。このような表現は韓国や中国にはなく、どんなことにも精一杯全力で取り組む「日本特異のテンション文化」につながっていると述べています。

日本には、細かくて緻密なものに美を見いだす傾向があります。縮小することは単に小さくなることではなく、本来よりももっと優れたものになるという意識があると述べています。特に、手でさわる（握る）ことのできる小さなものを愛好する傾向が強いと指摘しています。江戸時代の根付（印籠や小物入れを帯に吊るすための留め具）を見れば、現代日本のキーホルダー文化と通ずるものを感じます。手の中に入れられないものは「手にあまる」ものであり、「手に負えない」と書いています。

自然を手元において鑑賞することから、石庭（枯山水）や盆栽が発展しました。そこには、自然をそのまま見るのではなく、自分の側に引き寄せて再構成するという意図があります。生け花も、自然を再構成する試みです。自然の一部を切り取り、宇宙を縮め、家の中に入れます。抽象的なものではなく、具体的なものに心を寄せ、何でも取り込もうとする姿勢は、茶道具を筆頭に、物（道具）に対する好奇心と愛着心につながったと述べています。

手に握れる小さいモノへの愛好は、トランジスタラジオ（発明はアメリカ）、ポータブルオーディオ（ウォークマン）、電卓など、日本を代表する家電製品の開発へとつながっていきました。ソニー（SONY）という会社名は、音を意味するラテン語の「sonus（ソヌス）」と、男の子に呼びかける「坊や」という意味の「sonny」から来ています。[27] ここでも「～イイ」という語感が使われています。最近は、スマートフォンに押され気味ですが、いまだに折りたたみ（二つ折り）式の携帯電話（ガラケー）は人気があります。当初はストレート型が主流でしたが、一九九一年に日本電気株式会社（NEC）がmova Nとして販売し、人気を博しました。このあたりにも、触れられるもの、握れるものを愛好する日本人の縮み志向を感じることができます。

何でも手ごろなサイズに変えてしまうという傾向は、もともとは人に対して生じる「かわいい」という感情がモノにまで広がることに寄与したのかもしれません。その一方で、同じ心性が、里親制度が日本で普及していない一因になっているかもしれません（160ページ）。子どもは社会で育てるものではなく、それぞれの家に完全に取り込んで育てるという発想が強いので、敷居が高いのです。ここにも縮み志向が表れているように感じます。

「凹型文化」と「かわいい」

日本語学者の芳賀綏《やすし》氏は、日本は伝統的に凹型《おうがた》（tender-minded type）の文化であると述べています。凹型というのは、他者や自然を包み込み受容するという意味で、やわらかい（柔しき）心を中心とした文化です。島国であり外敵の侵入がなく、異民族に揉《も》まれることがなかったこと、自然が豊かで、魚介類が豊富な海に囲まれ、多雨湿潤で稲作農耕が生業の中心だったことから、長い年月をかけてこのような民族的な性格（コア・パーソナリティ）が形成された

27　https://www.sony.co.jp/SonyInfo/CorporateInfo/History/SonyHistory/1-06.html

のだろうと推測しています。仏教や儒教といった思想的な影響より、もっと根本的で超時代的な文化の基層となるメンタリティのようです。日本にかぎらず、南太平洋の諸島、東南アジア諸国、南北アメリカの先住民の生活圏も凹型文化の意識傾向があると言います。

これに対して、朝鮮半島や中国大陸、ヨーロッパなどのユーラシア大陸の大半は、凸型《とつがた》(tough-minded type)の文化であると分類しています。険しく激しい心の世界です。自然の恵みの少ない乾燥した地域であり、人間が自然と闘い、他人と闘い、征服・支配してきた世界です。凹型文化は調和・和合を基調とするのに対し、凸型文化は対立と闘争が基調になっていると言います。

例えば、自然の恵みが豊かだった日本には、牧畜がなく、食用のために牛や羊を飼ったり、家畜をこき使ったりする習慣はありませんでした。そのため、肉体を処理するという発想は普及しませんでした。中国から律令制を取り入れたときでも、宦官(ヒトを去勢する)の制度は取り入れず、非合法の人身売買はあったとしても、人間の家畜化(ヒト家畜としての奴隷制度)はなかったと言います。

凹型文化は、水平で包括的な世界観を持っています。万物を愛で、いつくしみ、いとしみます。凸型文化のような垂直的な絶対神はおらず、自然のなかで八百万《やおよろず》の神が共存する世界です。その世界に人間も横並びの仲間として存在します。畏怖ではなく、愛慕の対象なのです。昔話のなかに、貧乏神や福の神というのが出てきます。考えてみれば、神様が人間と同居したり、あるいは追い出されたりするという発想は、いかにも凹型文化らしいと言えます。

このような日本の穏やかな風土が、いろいろなものをいつくしみ、「かわいい」を愛好する人々の傾向を作り出したのかもしれません。「かわいい」は脅威がない状態が基本です。常に自然の脅威にさらされてきたところでは、「かわいい」に注目する余裕がなかったのかもしれません。

上下関係から水平関係へ

以上、価値観としての「かわいい」に関連するいくつかの視点を紹介しました。文化論はあとづけの説明なので、いかにもっともらしくても、正しいかどうかを証明することは困難です。例えば、日本人は集団主義で、アメリカ人は個人主義だというステレオタイプがあります。最近の実証的な研究では、それを支持する結果はむしろ少なく、状況に依存することが多いという結果が得られています。そもそも同じ日本人だからと言って、昔の人と現代人が同じ心性を持っている保証はありません。少し前の日本人（男性は一生を会社に捧げ、女性はそれをサポートする）でさえ、新しい世代の日本人には理解できない部分もあります。

辞書の記述から分かるように、「かわいい」はもともと目下の人や弱者に対して使われる言葉でした。時には同情の気持ちがあり、時には侮蔑の念を含むこともありました。しかし、現代における「かわいい」は上下関係ではなく、水平関係を示していると私は考えています。自分よりも立場が上の者に対して、ふつう「かわいい」とは言いません。ここでいう立場とは、肩書のような社会的地位ではなく、もっと主観的で人間的な関係性のことを指します。もし目上の人を「かわいい」と感じるなら、それは相手を侮っているわけではなく、単純な上下関係を超えた「仲間意識」を感じているということです。また、弱者であっても、そこに嫌悪や軽蔑があれば、「かわいい」とは感じません。「かわいい」の根底には、上下関係によらず相手を尊重する気持ちがあります。

共生社会における「かわいい」

「かわいい」の特長は答えがないことです。正確に言えば、一つの答えがなくてもよいことです。確かに、ベビースキーマのように手がかりとなる特徴はありますし、かわいいと感じる心理状態を定義することもできるでしょう。しかし、何をかわいいと感じるかは、人それぞれでいいはずです。他の人がかわいいと感じるものを、自分がかわいいと感じられなくても、まったく問題ありません。あるきっかけで急にかわいいと感じられるようになるかもしれません。

金子みすゞの有名な詩に『私と小鳥と鈴と』があります。「私が両手をひろげても」で始まり、「みんなちがって、みんないい」で終わります。

私と小鳥と鈴と

私が両手をひろげても、
お空はちっとも飛べないが、
飛べる小鳥は私のように、
地面《じべた》を速くは走れない。

私がからだをゆすっても、
きれいな音は出ないけど、
あの鳴る鈴は私のように
たくさんな唄は知らないよ。

鈴と、小鳥と、それから私、
みんなちがって、みんないい。
〔『Something Nice：金子みすゞ童謡集』（D・P・ダッチャー 訳）JULA出版局（一九九九年）、11ページ〕

私はこの詩をとてもかわいいと感じます。鈴や小鳥といったモチーフがかわいいことも、幼さを感じさせる「私」がかわいいこともあるでしょうが、やはり最後の「みんなちがって、みんないい」が効いているのだろうと思います。この詩を英語に訳したときの最後の「いい」は、

good ではありません。right です。「All different, all just right」。

この安心感（脅威のなさ）が、かわいいの特長です。美しさや権力には、容赦ない上下関係があります。力の強いものが弱いものに勝ち、金持ちが貧乏人に勝ち、美しいものが美しくないものに勝つという一元的な世界です。それでも、私たちには、弱いもの、貧乏人、美しくないものを「かわいい」と思う余地が残されています。

日本から何を発信するか

真剣に研究に取り組んでいる科学者であれば、土俵はつねに世界にあります。競争の世界では、ビジネスでもスポーツでも研究でも一番になることが大切です。一番でない人の知名度はぐっと下がるからです。二〇〇九年の政府の事業仕分けで、「二位じゃダメなんでしょうか」という言葉が話題になりました。誤解を受けやすい表現ですが、その本意は、一位でないといけない理由、一位になると何が期待できるのかをはっきり説明してほしいということだったのでしょう。

ビジネスの世界はよく知りませんが、科学の世界で一位になるのは、次の二つのルールさえ守れば比較的簡単です。それは「土俵を自分で作ること」と「その土俵の存在を周囲に認めてもらうこと」です。「かわいい」という土俵は、日本が本家・先進国として自信を持って主張できるはずです。

しかし、日本には大きな弱点があります。それは「理論を重視しない」ことです。生物学者の本川達雄氏は、一九八九年に書いた英語のエッセイで、このことをスシ・サイエンスとハンバーガー・サイエンスとして対比させています。日本人は「素材で勝負」というわけで、データを示したら、あとはくどくど説明しません。しかし、そうではない人、しつこく根気強く理屈で押してくる人の方が、海外では主流なのです。先ほど凹型文化と凸型文化を比較しましたが、海外の人たちはこちらが辟易《へきえき》するほど、言語で自己主張してきます。そうしなければ征服され支配されてしまうという意識が根底にあるのかもしれません。科学論文でも「これはかなわない」と思うほど理屈っぽいことがあります。そのくせ実験や分析は雑だったりします。

第六章では、「かわいい」がもたらす効果について紹介しました。実は、こういったことは感度の高い日本人なら、ずっと昔から気づいていたことです。例えば、工事現場に行けば、動物のキャラクターやイラストの作業員が頭を下げているバリケードをよく見かけます。民間だけでなく、官公庁でも、さまざまな広告や掲示にキャラクターが多用されています。「かわいい」の力を使って気持ちよくルールに従ってもらおうとする試みは、私たちの生活に溶け込んでいます。しかし、それを理論的に説明しようとする研究はほとんど行われていません。

それでは、日本の強みは何かというと、モノづくりです。これも先ほど縮み志向として述べたとおりです。おそらく日本には、器用で感性の豊かな人たちが、「職人の勘」によって、実体あるモノを作り出す力があるのでしょう。多くの場合、それは個人的な取り組みであって、なかなか体制化されません。職人の側にも体制化されることを快く思わない風潮があるように感じます。

現在、日本企業の研究開発やマーケティングの部門では、強い理論が求められています。これについても、海外の方式をそのまま取り入れるのではなく、日本人に合った方法を考える必要があるでしょう。これまでの日本人は器用で根気強かったので、創意工夫によって実体あるモノを作り出すのが得意でした。そのような社会での「理論」は、何かを作り出すために守るべき手順ではなく、自由な発想で何かを作ろうとする個人やチームの背中を押してやる保証書（お墨付き）として位置づけるのが効果的です。第七章で述べた「カワいいモノ研究会」での私の役割もそこにありました。商品のデザインは、企業の担当者と社内・社外デザイナーが協力して行い、私はほとんど口を出しませんでした。私の役割は、参加者が共有・共感できる基本方針を示し、活動全体を応援することでした。

それは経済的に最適な戦略ではないかもしれません。経営上は、強くて大きい方が効率よく稼げます。学生によく話すのは、ジブリ映画とディズニー映画との比較です。ディズニー映画、例えば〈アナと雪の女王（Frozen）〉（二〇一三）は、文字どおり世界中でヒットしました（全世界での収益一四〇〇億円超[28]）。なぜだと思うかと聞くと、ストーリーが良かったとか、テーマが時代に合っていたとか、キャラクターが魅力的だったという答えが返ってきます。では、ジブリの映画がそうでないのはなぜだろうと尋ねます。ジブリ映画で最も興行成績が良かったのは〈千と千尋の神隠し（Spirited Away）〉（二〇〇一）で三〇〇億円余です。[29]だからといって、ディズニーの方が優れているとか、ディズニーの売り方を真似すべきだということにはならないでしょう。どちらを選択するかは美意識の問題だからです。とはいえ、美意識を個人レベルで終わらせ、ただ「自分で感じてくれ」と放り出してしまうのはよくありません。美意識そのものを説明し、理論化し、発信していく努力が必要です。そうすることが私たちの自信を作るからです。そのうえで自分のスタイルに従って行動します。「かわいい」についても、同じ課題が待っています。

「かわいい」研究のこれから

「かわいい」の科学的研究は始まったばかりです。本書で紹介したように、ここ数年で発表される論文数は急増しているので、これからもっと発展していくことでしょう。

「かわいい」の研究をしていると、kawaiiという言葉をもっと世界に広めたらどうかと言われることがあります。cuteとkawaiiが違うことは、本書で繰り返し述べたとおりです。しかし、私はこの提案に乗り気ではありません。というのは、「かわいい」は、自分が自発的に発見するものであって、誰かに押しつけられるものではないからです。「かわいい」感情の根底には、脅

28 https://www.boxofficemojo.com/movies/?id=frozen2013.htm
29 https://www.boxofficemojo.com/movies/?id=spiritedaway.htm

威や緊張を感じないということがあります。「かわいい」は押しつけられたとたんに、かわいくなくなってしまうはずです。言葉も同じです。自分の抱く感情を「それは日本語でkawaiiと呼ぶんだよ」と教えられても、さあ使ってみようとはならないでしょう。

こう考えると、日本の「かわいい」ポップカルチャーを完成形として世界に売り出すのが成功しない理由が分かります。「かわいい」先進国である日本の役割は、それぞれの地域に住む人たちが、それぞれの「かわいい」という気持ちに気づき、自分たちの「かわいい」を発見するのを助け、見守ることです。そのためには、実験心理学の力を借りて「かわいい」の概念を明確にするとともに、モノやサービスを実際に味わうという体験をしてもらうことです。その体験を「kawaii」と呼ぶか、「lovely」と呼ぶかは、相手に任せます。相手が求めないかぎり、言葉は押しつけない。「お・も・て・な・し」という言葉が注目されたことがありましたが、喜んでいるのは日本の一部の人たちだけでしょう。英語ならJapanese hospitalityで十分です。海外の人にとって大切なのは、単発の言葉ではなく、それが何であるかを説明する理論です。日本人は理論に弱いので、実際の体験とセットにして発信することが有効です。

本書は、基本的に「かわいい」は良いことであるという立場で書いてきました。それは、「かわいい」を重要でないもの、不真面目なもの、B級のものとして捉える風潮に反論するためです。しかし、どんなものにもプラスとマイナスの側面があります。例えば、幼い動物のかわいい写真を見ると集中力が上がるという研究を発表したとき、集中するのはいいことだと単純に考える人が多くいました。しかし、実験で示されたのは、注意が狭い範囲に集まる（注意が広がらない）ということです。そのような状態が適した場面（細かい作業に取り組むとき）もあれば、そうでない場面（自由に発想を広げたいとき）もあるでしょう。

また、「かわいい」は倫理的問題も引き起こします。第六章で述べたように、見た目をかわいくすることは、有害なものの実体を隠し、親しみやすくさせる道具にもなります。また、喫緊の課題としてペット問題があります。ペットショップには、売り物としての犬や猫がいます。大きくなると値段が下がり、そのうちいなくなってしまいます。私は動物が苦手なことは最初に述べたとおりです。かわいさが分からないのではなく、命としっかり向き合う余裕と覚悟がないので関わらないようにしているのです。しかし、私の家にも二匹の犬がいます。どちらも殺処分を逃れた保護犬を、家族が譲り受けたものです。その過程で保護施設についても学びました。現状を知ると、ペットショップの動物を素直にかわいいとは思えなくなってしまいます。

さらに、本書ではまったく触れませんでしたが、小児性愛や児童ポルノ、アイドル産業における搾取といった問題も、「かわいい」の周辺で起きています。「かわいい」の影の部分です。しかし、そうしたネガティブな側面を埋め合わせるだけの強いポジティブな力を「かわいい」は持っていると私は感じます。

「かわいい」については、現在いろいろな分野で研究と実践が進められています。「かわいい」という感性を生かした理科教育の在り方を検討している「Kawaii 理科プロジェクト」（長岡技術科学大学の吉武裕美子さん）、「かわいい」工学（芝浦工業大学の大倉典子《みちこ》さん）、「かわいい」建築（日本建築学会の宇治川正人さん）などです。「かわいい」の研究が、多くの研究者を巻き込み、互いに排除せず、弱い連携を保ちながら、社会と世界に発信を続けていくことを心から願っています。

◆この章のまとめ◆

この章では、「感情としての『かわいい』」と「価値観としての『かわいい』」からなる「かわいいの二層モデル」について紹介しました。感情としての「かわいい」には、生物学的基盤があるので、文化によらず共通している部分があります。一方、日本において「かわいい」文化が生まれたことを説明するには、日本の風土やそこで育まれた日本人の心性について考える必要があるでしょう。「かわいい」先進国の日本には、かわいいモノだけでなく、「かわいい」の理論も世界に発信していく役割があるのです。

おわりに

「かわいい」の面白いところは、それぞれがみな自分の意見を持っていることです。誰でも自分の「かわいい」論を語ることができます。本書を読んで、なるほどそうかとか、それは違うとか感じていただければ望外の喜びです。

この本では、実験心理学の視点から「かわいい」について紹介しました。その領域は、知覚心理学から認知心理学、社会心理学、発達心理学にまで及びます。人間の心を理解するのは簡単ではありません。しかし、複雑すぎるわけでもありません。読者のみなさんには、「かわいい」だけでなく、実験心理学にも関心を持っていただければうれしく思います。

一〇年以上続けてきた「かわいい」の研究について、一般の人にも読んでもらえる本を書かなければという気持ちが年々強くなっていました。日本でも海外でも「かわいい」に関する科学論文が増えています。自分の研究はまだ足りないという不安と、今まとめなければ手遅れになるという焦りがありました。一〇年間の研究成果としては恥ずかしいほど進んでいないのが現状です。私の研究室では、あいかわらず一人ひとりの学生の関心を聞き、それぞれのテーマを決めています。「かわいい」に関する研究をしてくれる学生は多くて三割くらいでしょうか。効率は悪いですが、それが私のスタイルなのです。

科学の新しい知識というのは、本来は誰が発見してもよいものです。もちろん自分が最初に発見したいという功名心はあります。でも、自分にできないからできるようになるまで隠しておいたら、人類の発展を阻害してしまうでしょう。本書には、私がこれまで仕入れてきた情報を包み隠さず書きました。出典は巻末に載せています。これまで世界中で行われた「かわいい」に関する主要文献はほとんど網羅しましたので、これを踏み台にして、読者のみなさんが、それぞれの「かわいい」研究を発展させていただけることを願っています。間違いや不十分な点があれば、私もどんどん修正していきたいと思います。

「かわいい」の科学は面白いですが、気をつけないと厳密さを欠きます。分かりやすい本を書いてほしいという依頼はこれまでもたくさんいただきましたが、そのたびに執筆をお断りしてきました。化学同人の津留貴彰さんと坂井雅人さんから本書の相談を受けたとき、科学として恥ずかしくない読み物にしたいと話しました。たいていはそこで交渉が終わってしまうのですが、今回は、ぜひそうしてくださいとご快諾いただきました。「良質の科学的な知識と考え方を提供することによって、人びとの科学リテラシーを高め、人間の幸せに寄与する」というＤＯＪＩＮ選書のコンセプトを実現できていたらうれしく思います。

日本は、超高齢社会になり、経済の先行きも怪しくなり、閉塞感が高まっています。人工知能（AI）とビッグデータの時代は、常にどこかで記録され監視されている気味の悪さを生み出しました。今は、二〇二〇年の東京オリンピックや二〇二五年の大阪万博に向けて必死にがんばっています。でも、そのあとに一体どうなるのかという不安を、私たちはみな抱えて生きています。そんなときに「大丈夫、日本には『かわいい』がある」と言えるようになりたい。そういう気持ちで本書を上梓します。「かわいい」は、心がけ次第で、日常の小さなところから発見できます。かわいいものを探そうという視点は、私たちを楽しく自由にしてくれるでしょう。

「かわいい」の研究を始めて、それまで出会うことのなかったたくさんの人たちに出会うことができました。娘や息子が生まれたことで私と社会との接点が増えたように、「かわいい」に人と人をつなぐ力があることを一番実感しているのは私です。内向的で人に会うのがおっくうな私を、「かわいい」が外の世界に引っ張り出してくれました。

一人ひとりのお名前を書くことはできませんが、これまで「かわいい」研究をサポートしてくれた広島大学と大阪大学における入戸野研のみなさん、何年も不採択が続いた科研費に嫌な顔をせずに協力してくださった共同研究の先生方、「カワいいモノ研究会」のみなさん、株式会社サンリオのみなさん、研究を紹介していただいたテレビ・ラジオ・新聞社のみなさんに感謝します。松田いづみさん、井原なみはさん、大橋紅音さん、入戸野綾さんには、草稿を読んで有益なコメントをいただきました。入戸野匠さんには犬について、入戸野遥さんにはその他の動物についていてたくさん教えていただきました。

最後の推敲を行っているときに、川本大史さんが三一歳の若さで急逝しました。並外れて優秀な教え子であり、共同研究者として「かわいい」研究を大きく発展させてくれると期待していました。この本の感想が聞けなかったこと、次の実験を一緒に考えられなくなったことが残念でなりません。

最後になりますが、研究が最優先の生活を長いあいだ支えてくれた父母と妻に感謝します。みなさん、どうもありがとう。

二〇一九年三月

入戸野　宏

参考文献

既出文献は*で示した．著者のサイト（http://cplnet.jp/kawaii.html）に詳しいリンクページがある．

第一章 「かわいい」とは何だろうか

◆「かわいい」の定義をあきらめる

櫻井 孝昌『世界カワイイ革命―なぜ彼女たちは「日本人になりたい」と叫ぶのか』PHP 新書（2009）．

◆ 2 人以上がかわいいと言ったらそれはかわいい

仲川 秀樹『“おしゃれ”と“カワイイ”の社会学―酒田の街と都市の若者文化』学文社（2010）．

◆犬派と猫派

Gosling, S. D., Sandy, C. J., & Potter, J. Personalities of self-identified “dog people” and “cat people.” *Anthrozoös*, **23**, 213–222（2010）．

◆ペットに対する態度に及ぼす父母の影響

Al-Fayez, G., Awadalla, A., Templer, D. I., & Arikawa, H. Companion animal attitude and its family pattern in Kuwait. *Society and Animals*, **11**, 17–28（2003）．

Schenk, S. A., Templer, D. I., Peters, N. B., & Schmidt, M. The genesis and correlates of attitudes toward pets. *Anthrozoös*, **7**, 60–68（1994）．

◆枕草子

池田 亀鑑・岸上 慎二・秋山 虔 校注『枕草子・紫式部日記（日本古典文学大系 19）』岩波書店（1958）．

◆幼児顔を見ると顔の皮膚温が上がる

Esposito, G., Nakazawa, J., Ogawa, S., Stival, R., Kawashima, A., Putnick, D. L., & Bornstein, M. H. Baby, you light-up my face: Culture-general physiological responses to infants and culture-specific cognitive judgements of adults. *PLoS ONE*, **9**(**10**), e106705（2014）．

◆かわいい動物の写真を見たあとは集中できる

Nittono, H., Fukushima, M., Yano, A., & Moriya, H. The power of *kawaii*: Viewing cute images promotes a careful behavior and narrows attentional

focus. *PLoS ONE*, **7**(**9**), e46362 (2012).
◆ノーマン氏と出会った国際会議で発表した論文
Nittono, H. "*Kawaii*" *as an emotion: A theoretical framework of kawaii design*. Proceedings of the 5th conference of the International Association of Societies of Design Research (IASDR 2013), 01-PD4-3 (2013.8.30), pp. 16–19.
◆エモーショナル・デザイン
ドナルド・A・ノーマン『エモーショナル・デザイン―微笑を誘うモノたちのために』(岡本 明ほか訳) 新曜社 (2004).
◆Cuteの意味
Dale, J. P. The appeal of the cute object: Desire, domestication, and agency. In J. P. Dale, J. Goggin, J. Leyda, A. P. McIntyre, & D. Negra (Eds.), *The aesthetics and affects of cuteness* (pp. 35–55). Routledge (2017).
◆Cutenessとは幼児の見た目の魅力のこと
Hildebrandt, K. A., & Fitzgerald, H. E. Adults' responses to infants varying in perceived cuteness. *Behavioural Processes*, **3**, 159–172 (1978).
◆「かわいい」に相当する言葉
Buckley, R. C. Aww: The emotion of perceiving cuteness. *Frontiers in Psychology*, **7**, 1740 (2016).
Steinnes, K. K., Blomster, J. K., Seibt, B., Zickfeld, J. H., & Fiske, A. P. Too cute for words: Cuteness evokes the heartwarming emotion of kama muta. *Frontiers in Psychology*, **10**, 387 (2019).
◆イスラエルでの調査
Lieber-Milo, S., & Nittono, H. *How the Japanese term kawaii is perceived outside of Japan: A study in Israel*. (submitted).
◆コラム1：実験心理学で分かること
アダム・ハート＝デイヴィス『パブロフの犬―実験でたどる心理学の歴史』(山崎 正浩 訳) 創元社 (2016).
大山 正・中島 義明 編『実験心理学への招待(改訂版)―実験によりこころを科学する』サイエンス社 (2012).

第二章　数字で見る「かわいい」

◆単語の語彙特性とイメージ調査

入戸野 宏「“かわいい” に対する行動科学的アプローチ」『広島大学大学院総合科学研究科紀要Ｉ人間科学研究』, **4**, 19-35（2009）.

入戸野 宏「行動科学的アプローチによるかわいい人工物の研究」『感性工学』, **10**, 91-95（2011）.

Nittono, H. The two-layer model of ‘kawaii’: A behavioural science framework for understanding kawaii and cuteness. *East Asian Journal of Popular Culture*, **2**, 79-95 (2016).

◆「かわいい」文化に対するネガティブな印象

Kinsella, S. Cuties in Japan. In L. Skov & B. Moeran (eds.), *Women, media and consumption in Japan* (pp. 220-254). Curzon Press (1995).

◆コラム２：心を眺める三つの視点

入戸野 宏「心理生理学的アプローチ」『心理学から考えるヒューマンファクターズ―安全で快適な新時代へ』（篠原 一光・中村 隆宏 編）有斐閣（2013), pp. 183-198.

第三章　ベビースキーマ

◆ローレンツの著作

Lorenz, K. Die angeborenen Formen möglicher Erfahrung [The innate forms of potential experience]. *Zeitschrift für Tierpsychologie*, **5**, 235-409 (1943).

コンラート・ローレンツ『動物行動学Ⅱ（再装版）』（日高 敏隆・丘 直通 訳）新思索社（2005).

コンラート・ローレンツ『ソロモンの指環―動物行動学入門（新装版）』（日高 敏隆 訳）早川書房（2006).

◆動物行動学の入門書

イレネウス・アイブル＝アイベスフェルト『プログラムされた人間―攻撃と親愛の行動学』（霜山 徳爾・岩渕 忠敬 訳）平凡社（1977).

イレネウス・アイブル＝アイベスフェルト『ヒューマン・エソロジー―人間行動の生物学』（日高 敏隆 監修）ミネルヴァ書房（2001).

※アイブル＝アイベスフェルトはローレンツの下で学び，動物行動学から出発して人間行動学を創始しました.

長谷川 眞理子『生き物をめぐる4つの「なぜ」』集英社新書（2002）.
ニコラス・ティンバーゲン『本能の研究』（永野 為武 訳）三共出版（1975）.

◆ゆるキャラ

犬山 秋彦・杉元 政光『ゆるキャラ論―ゆるくない「ゆるキャラ」の実態』ボイジャー（2012）.
みうら じゅん『ゆるキャラ大図鑑』扶桑社（2004）.

◆キャラクターの進化

Gould, S. J. Mickey Mouse meets Konrad Lorenz. *Natural History*, **88**(**5**), 30–36 (1979).
※このエッセイは，スティーヴン・ジェイ・グールド『パンダの親指―進化論再考（上）』（櫻町 翠軒 訳）早川書房（1996）に再掲されています.
Hinde, R. A., & Barden, L. A. The evolution of the teddy bear. *Animal Behaviour*, **33**, 1371–1373 (1985).
Morris, P. H., Reddy, V., & Bunting, R. C. The survival of the cutest: Who's responsible for the evolution of the teddy bear? *Animal Behaviour*, **50**, 1697–1700 (1995).

◆自動車のデザインと好み

Carbon, C. C. The cycle of preference: Long-term dynamics of aesthetic appreciation. *Acta Psychologica*, **134**, 233–244 (2010).

◆ベビースキーマについての実証研究

Alley, T. R. Head shape and the perception of cuteness. *Developmental Psychology*, **17**, 650–654 (1981).
Alley, T. R. Age-related changes in body proportions, body size, and perceived cuteness. *Perceptual and Motor Skills*, **56**, 615–622 (1983).
Alley, T. R. Growth-produced changes in body shape and size as determinants of perceived age and adult caregiving. *Child Development*, **54**, 241–248 (1983).
Alley, T. R. Infantile head shape as an elicitor of adult protection. *Merrill-Palmer Quarterly*, **29**, 411–427 (1983).
Alley, T. R., & Baron, R. M. Young adults' caregiving and the age level of a potential recipient. *Journal of Psychology*, **120**, 567–580 (1986).
Brooks, V., & Hochberg, J. A psychophysical study of "cuteness." *Perceptual*

and Motor Skills, **11**, 205（1960）.
Glocker, M. L., Langleben, D. D., Ruparel, K., Loughead, J. W., Gur, R. C., & Sachser, N. Baby schema in infant faces induces cuteness perception and motivation for caretaking in adults. *Ethology*, **115**, 257-263（2009）.
Hückstedt, B. Experimentelle Untersuchungen zum "Kindchenschema" [Experimental investigations on the baby schema]. *Zeitschrift für Experimentelle und Angewandte Psychologie*, **12**, 421-450（1965）.
前田 實子「Baby-schemaに関する実験的考察―母性心性の解発刺激を中心に―」『武庫川女子大学幼児教育研究所紀要』, **2**, 4-42（1983）.
前田 實子「Baby-schemaに関する実験的考察Ⅱ―「可愛らしさ」の諸要因について―」『武庫川女子大学幼児教育研究所紀要』, **3**, 4-50（1984）.
前田 實子「Baby-schemaに関する実験的考察Ⅲ―「丸さ」の分析を中心に―」『武庫川女子大学幼児教育研究所紀要』, **4**, 4-42（1985）.
Sternglanz, S. H., Gray, J. L., & Murakami, M. Adult preferences for infantile facial features: An ethological approach. *Animal Behaviour*, **25**, 108-115（1977）.

◆かわいい顔の作り方

Almanza-Sepúlveda, M. L., Dudin, A., Wonch, K. E., Steiner, M., Feinberg, D. R., Fleming, A. S., & Hall, G. B. Exploring the morphological and emotional correlates of infant cuteness. *Infant Behavior and Development*, **53**, 90-100（2018）.
Hildebrandt, K. A., & Fitzgerald, H. E. Facial feature determinants of perceived infant attractiveness. *Infant Behavior and Development*, **2**, 329-339（1979）.
Lobmaier, J. S., Sprengelmeyer, R., Wiffen, B., & Perrett, D. I. Female and male responses to cuteness, age and emotion in infant faces. *Evolution and Human Behavior*, **31**, 16-21（2010）.
Miesler, L., Leder, H., & Herrmann, A. Isn't it cute: An evolutionary perspective of baby-schema effects in visual product designs. *International Journal of Design*, **5**(**3**), 17-30（2011）.
Nittono, H., Ohashi, A., & Komori, M. The creation and validation of the Japanese Cute Infant Faces（JCIF）dataset.（発表準備中）.

◆動物顔のかわいさ判断

Borgi, M., & Cirulli, F. Pet face: Mechanisms underlying human-animal relationships. *Frontiers in Psychology*, **7**, 298 (2016).

Little, A. C. Manipulation of infant-like traits affects perceived cuteness of infant, adult and cat faces. *Ethology*, **118**, 775–782 (2012).

◆幼児顔の性別判断はむずかしい

Hildebrandt, K. A., & Fitzgerald, H. E. Adults' perceptions of infant sex and cuteness. *Sex Roles*, **5**, 471–481 (1979).

McKelvie, S. J. Perceived cuteness, activity level, and gender in schematic babyfaces. *Journal of Social Behavior and Personality*, **8**, 297–310 (1993).

◆男女差はあるか

Berman, P. W. Are women more responsive than men to the young? A review of developmental and situational variables. *Psychological Bulletin*, **88**, 668–695 (1980).

Hahn, A. C., Xiao, D., Sprengelmeyer, R., & Perrett, D. I. Gender differences in the incentive salience of adult and infant faces. *Quarterly Journal of Experimental Psychology*, **66**, 200–208 (2013).

*Lobmaier, J. S., Sprengelmeyer, R., Wiffen, B., & Perrett, D. I. Female and male responses to cuteness, age and emotion in infant faces. *Evolution and Human Behavior*, **31**, 16–21 (2010).

Maestripieri, D., & Pelka, S. Sex differences in interest in infants across the lifespan: A biological adaptation for parenting? *Human Nature*, **13**, 327–344 (2002).

Parsons, C. E., Young, K. S., Kumari, N., Stein, A., & Kringelbach, M. L. The motivational salience of infant faces is similar for men and women. *PLoS ONE*, **6(5)**, e20632 (2011).

◆性ホルモンの影響

Gettler, L. T., McDade, T. W., Feranil, A. B., & Kuzawa, C. W. Longitudinal evidence that fatherhood decreases testosterone in human males. *Proceedings of the National Academy of Sciences*, **108**, 16194–16199 (2011).

Hahn, A. C., DeBruine, L. M., Fisher, C. I., & Jones, B. C. The reward value of infant facial cuteness tracks within-subject changes in women's salivary

testosterone. *Hormones and Behavior*, **67**, 54-59 (2015).

Holtfrerich, S. K. C., Schwarz, K. A., Sprenger, C., Reimers, L., & Diekhof, E. K. Endogenous testosterone and exogenous oxytocin modulate attentional processing of infant faces. *PLoS ONE*, **11**(**11**), e0166617 (2016).

Kuzawa, C. W., Gettler, L. T., Huang, Y.-Y., & McDade, T. W. Mothers have lower testosterone than non-mothers: Evidence from the Philippines. *Hormones and Behavior*, **57**, 441-447 (2010).

Lobmaier, J. S., Probst, F., Perrett, D. I., & Heinrichs, M. Menstrual cycle phase affects discrimination of infant cuteness. *Hormones and Behavior*, **70**, 1-6 (2015).

Sprengelmeyer, R., et al. The cutest little baby face: A hormonal link to sensitivity to cuteness in infant faces. *Psychological Science*, **20**, 149-154 (2009).

◆脳の反応

Bos, P. A., Spencer, H., & Montoya, E. R. Oxytocin reduces neural activation in response to infant faces in nulliparous young women. *Social Cognitive and Affective Neuroscience*, **13**, 1099-1109 (2018).

Glocker, M. L., et al. Baby schema modulates the brain reward system in nulliparous women. *Proceedings of the National Academy of Sciences*, **106**, 9115-9119 (2009).

Hahn, A. C., Symons, L. A., Kredel, T., Hanson, K., Hodgson, L., Schiavone, L., & Jantzen, K. J. Early and late event-related potentials are modulated by infant and adult faces of high and low attractiveness. *Social Neuroscience*, **11**, 207-220 (2016).

Huffmeijer, R., Eilander, J., Mileva-Seitz, V. R., & Rippe, R. C. A. Changes in face-specific neural processing explain reduced cuteness and approachability of infants with cleft lip. *Social Neuroscience*, **13**, 439-450 (2018).

Kringelbach, M. L., et al. A specific and rapid neural signature for parental instinct. *PLoS ONE*, **3**(**2**), e1664 (2008).

Parsons, C. E., et al. Minor structural abnormalities in the infant face disrupt neural processing: A unique window into early caregiving responses.

Social Neuroscience, **8**, 268–274 (2013).

Parsons, C. E., et al. The effect of cleft lip on adults' responses to faces: Cross-species findings. *PLoS ONE*, **6**(**10**), e25897 (2011).

Tagai, K., Shimakura, H., Isobe, H., & Nittono, H. The light-makeup advantage in facial processing: Evidence from event-related potentials. *PLoS ONE*, **12**(**2**), e0172489 (2017).

Trujillo, L. T., Jankowitsch, J. M., & Langlois, J. H. Beauty is in the ease of the beholding: A neurophysiological test of the averageness theory of facial attractiveness. *Cognitive, Affective, & Behavioral Neuroscience*, **14**, 1061–1076 (2014).

◆コラム 3：ローレンツの裏の顔

Burkhard, R. W., Jr. *Patterns of behavior: Konrad Lorenz, Niko Tinbergen, and the founding of ethology*. University of Chicago Press (2005).

ボリア・サックス『ナチスと動物―ペット・スケープゴート・ホロコースト』(関口 篤 訳) 青土社 (2002).

第四章　幼さとかわいさ

◆合成顔の実験

Komori, M., & Nittono, H. Influence of age-independent facial traits on adult judgments of cuteness and infantility of a child's face. *Procedia―Social and Behavioral Sciences*, **97**, 285–291 (2013).

◆年齢とかわいさ

Franklin, P., & Volk, A. A. A review of infants' and children's facial cues' influence on adults' perceptions and behaviors. *Evolutionary Behavioral Sciences*, **12**, 296–321 (2018).

Franklin, P., Volk, A. A., & Wong, I. Are newborns' faces less appealing? *Evolution and Human Behavior*, **39**, 269–276 (2018).

*Hildebrandt, K. A., & Fitzgerald, H. E. Adults' perceptions of infant sex and cuteness. *Sex Roles*, **5**, 471–481 (1979).

根ヶ山 光一「子どもの顔におけるかわいらしさの縦断的発達変化に関する研究」『早稲田大学人間科学研究』, **10**, 61–68 (1997).

Sanefuji, W., Ohgami, H., & Hashiya, K. Development of preference for baby

faces across species in humans (*Homo sapiens*). *Journal of Ethology*, **25**, 249–254 (2007).

Volk, A. A., Lukjanczuk, J. L., & Quinsey, V. L. Perceptions of child facial cues as a function of child age. *Evolutionary Psychology*, **5**, 801–814 (2007).

◆赤ちゃんの表情とかわいさ

Hildebrandt, K. A. Effect of facial expression variations on ratings of infants' physical attractiveness. *Developmental Psychology*, **19**, 414–417 (1983).

◆化粧と魅力

Jones, A. L., & Kramer, R. S. S. Facial cosmetics have little effect on attractiveness judgments compared with identity. *Perception*, **44**, 79–86 (2015).

Jones, A. L., & Kramer, R. S. S. Facial cosmetics and attractiveness: Comparing the effect sizes of professionally-applied cosmetics and identity. *PLoS ONE*, **11**(**10**), e0164218 (2016).

Meier, B. P., Robinson, M. D., Carter, M. S., & Hinsz, V. B. Are sociable people more beautiful? A zero-acquaintance analysis of agreeableness, extraversion, and attractiveness. *Journal of Research in Personality*, **44**, 293–296 (2010).

◆幼さと関係しないかわいさ

井原 なみは・入戸野 宏「幼さの程度による"かわいい"のカテゴリ分類」『広島大学大学院総合科学研究科紀要 I 人間科学研究』, **6**, 13–18 (2011).

◆コラム 4：科学と個人

Deichmann, U. *Biologists under Hitler.* Harvard University Press (1996).

第五章　感情としての「かわいい」

◆いろいろな「かわいい」に共通するもの

井原 なみは・入戸野 宏「対象の異なる"かわいい"感情に共通する心理的要因」『広島大学大学院総合科学研究科紀要 I 人間科学研究』, **7**, 37–42 (2012).

◆ダーウィンによる記述

Darwin, C. R. *The expression of the emotions in man and animals*. John Murray (1872).

◆日本における「かわいい」研究
荒川 志津代「子どものかわいさ—子ども写真を用いた実験的研究—」『家政学雑誌』, **35**, 354-363 (1984).
Koyama, R., Takahashi, Y., & Mori, K. Assessing the cuteness of children: Significant factors and gender differences. *Social Behavior and Personality*, **34**, 1087-1100 (2006).
戸田 正直「ロボットと感情」『日本ロボット学会誌』, **4**, 665-669 (1986).
◆「かわいい」感情のモデル
*Nittono, H. The two-layer model of ‘kawaii’: A behavioural science framework for understanding kawaii and cuteness. *East Asian Journal of Popular Culture*, **2**, 79-95 (2016).
入戸野 宏「“かわいい” 感情の心理学モデル」『情報処理 (情報処理学会誌)』, **57**, 128-131 (2016).
◆かわいい形
Bar, M., & Neta, M. Humans prefer curved visual objects. *Psychological Science*, **17**, 645-648 (2006).
Bar, M., & Neta, M. Visual elements of subjective preference modulate amygdala activation. *Neuropsychologia*, **45**, 2191-2200 (2007).
Bertamini, M., Palumbo, L., Gheorghes, T. N., & Galatsidas, M. Do observers like curvature or do they dislike angularity? *British Journal of Psychology*, **107**, 154-178 (2016).
Palumbo, L., Ruta, N., & Bertamini, M. Comparing angular and curved shapes in terms of implicit associations and approach/avoidance responses. *PLoS ONE*, **10**(**10**), e0140043 (2015).
◆かわいい色
清澤 雄「かわいい色の調査結果に基づく評価者のクラスター分類とその嗜好特性」『日本感性工学会論文誌』, **13**, 107-116 (2014).
◆社会性仮説
Sherman, G. D., & Haidt, J. Cuteness and disgust: The humanizing and dehumanizing effects of emotion. *Emotion Review*, **3**, 245-251 (2011).
◆「かわいい」感情を実験する
Lang, P. J., Greenwald, M. K., Bradley, M. M., & Hamm, A. O. Looking at

pictures: Affective, facial, visceral, and behavioral reactions. *Psychophysiology*, **30**, 261–273 (1993).
*入戸野 宏「行動科学的アプローチによるかわいい人工物の研究」『感性工学』, **10**, 91–95 (2011).
Nittono, H., & Tanaka, K. Psychophysiological responses to kawaii (cute) visual images [Abstract]. *International Journal of Psychophysiology*, **77**, 268–269 (2010).
Russell, J. A., Weiss, A., & Mendelsohn, G. A. Affect Grid: A single-item scale of pleasure and arousal. *Journal of Personality and Social Psychology*, **57**, 493–502 (1989).

◆「かわいい」スパイラルと「かわいい」トライアングル

Fridlund, A. J. Sociality of solitary smiling: Potentiation by an implicit audience. *Journal of Personality and Social Psychology*, **60**, 229–240 (1991).
Haj-Mohamadi, P., Fles, E. H., & Shteynberg, G. When can shared attention increase affiliation? On the bonding effects of co-experienced belief affirmation. *Journal of Experimental Social Psychology*, **75**, 103–106 (2018).
Hess, U., Banse, R., & Kappas, A. The intensity of facial expression is determined by underlying affective state and social situation. *Journal of Personality and Social Psychology*, **69**, 280–288 (1995).
Hess, U., & Bourgeois, P. You smile — I smile: Emotion expression in social interaction. *Biological Psychology*, **84**, 514–520 (2010).
Philipp, M. C., Storrs, K. R., & Vanman, E. J. Sociality of facial expressions in immersive virtual environments: A facial EMG study. *Biological Psychology*, **91**, 17–21 (2012).
Shteynberg, G., Hirsh, J. B., Apfelbaum, E. P., Larsen, J. T., Galinsky, A. D., & Roese, N. J. Feeling more together: Group attention intensifies emotion. *Emotion*, **14**, 1102–1114 (2014).

◆「かわいい」と声に出す

Rummer, R., Schweppe, J., Schlegelmilch, R., & Grice, M. Mood is linked to vowel type: The role of articulatory movements. *Emotion*, **14**, 246–250 (2014).
Strack, F. Reflection on the smiling registered replication report. *Perspectives on*

Psychological Science, **11**, 929-930 (2016).

Strack, F., Martin, L. L., & Stepper, S. Inhibiting and facilitating conditions of the human smile: A nonobtrusive test of the facial feedback hypothesis. *Journal of Personality and Social Psychology*, **54**, 768-777 (1988).

Wagenmakers, E.-J., et al. Registered replication report: Strack, Martin, & Stepper (1988). *Perspectives on Psychological Science*, **11**, 917-928 (2016).

◆音声の印象

Klink, R. R. Gender differences in new brand name response. *Marketing Letters*, **20**, 313-326 (2009).

Kniffin, K. M., & Shimizu, M. Sounds that make you smile and share: A phonetic key to prosociality and engagement. *Marketing Letters*, **27**, 273-283 (2016).

Newman, S. S. Further experiments in phonetic symbolism. *The American Journal of Psychology*, **45**, 53-75 (1933).

Sapir, E. A study in phonetic symbolism. *Journal of Experimental Psychology*, **12**, 225-239 (1929).

◆かわいさを感じる個人差

金井 嘉宏・入戸野 宏「"かわいい"感情に関係するパーソナリティ特性—サイコパシー特性と対人不安の観点から—」『日本パーソナリティ心理学会第22回大会発表論文集』, 114 (2013).

金井 嘉宏・入戸野 宏「共感性と親和動機による"かわいい"感情の予測モデル構築」『パーソナリティ研究』, **23**, 131-141 (2015).

Lehmann, V., Huis in't Veld, E. M. J., & Vingerhoets, A. J. J. M. The human and animal baby schema effect: Correlates of individual differences. *Behavioural Processes*, **94**, 99-108 (2013).

Takamatsu, R. Measuring affective responses to cuteness and Japanese kawaii as a multidimensional construct. *Current Psychology* doi:10.1007/s12144-018-9836-4 (2018).

◆弱さとかわいさ

Aronson, E., Willerman, B., & Floyd, J. The effect of a pratfall on increasing interpersonal attractiveness. *Psychonomic Science*, **4**, 227-228 (1966).

Deaux, K. To err is humanizing: But sex makes a difference. *Representative*

Research in Social Psychology, **3**, 20-28 (1972).
Feldman-Summers, S. A. Blunders and interpersonal attraction under conditions of dependency. *Journal fo Abnormal Psychology*, **83**, 323-326 (1974).
Helmreich, R., Aronson, E., & LeFan, J. To err is humanizing—sometimes: Effects of self-esteem, competence, and a pratfall on interpersonal attraction. *Journal of Personality and Social Psychology*, **16**, 259-264 (1970).
Maier, R. A., Jr., Holmes, D. L., Slaymaker, F. L., & Reich, J. N. The perceived attractiveness of preterm infants. *Infant Behavior and Development*, **7**, 403-414 (1984).
Mettee, D. R., & Wilkins, P. C. When similarity "hurts": Effects of perceived ability and a humorous blunder on interpersonal attractiveness. *Journal of Personality and Social Psychology*, **22**, 246-258 (1972).
◆童顔効果
Livingston, R. W., & Pearce, N. A. The teddy-bear effect: Does having a baby face benefit black chief executive officers? *Psychological Science*, **20**, 1229-1236 (2010).
レズリー・A・ゼブロウィッツ『顔を読む―顔学への招待』(羽田 節子・中尾ゆかり 訳) 大修館書店 (1999).
◆コラム5：かわいさと美しさの違い
Geldart, S. That woman looks pretty, but is she *attractive*? Female perceptions of facial beauty and the impact of cultural labels. *European Review of Applied Psychology*, **60**, 79-87 (2010).
Kuraguchi, K., & Ashida, H. Beauty and cuteness in peripheral vision. *Frontiers in Psychology*, **6**, 566 (2015).
Kuraguchi, K., Taniguchi, K., & Ashida, H. The impact of baby schema on perceived attractiveness, beauty, and cuteness in female adults. *SpringerPlus*, **4**, 164 (2015).
森 三樹三郎 訳『荘子 (1)』中公クラシックス (2001)

第六章 「かわいい」がもたらす効果

◆かわいさに関する海外の研究
Hahn, A. C., & Perrett, D. I. Neural and behavioral responses to attractiveness

in adult and infant faces. *Neuroscience and Biobehavioral Reviews*, **46**, 591-603 (2014).
Kringelbach, M. L., Stark, E. A., Alexander, C., Bornstein, M. H., & Stein, A. On cuteness: Unlocking the parental brain and beyond. *Trends in Cognitive Sciences*, **20**, 545-558 (2016).
◆注意を引きつける
Brosch, T., Sander, D., Pourtois, G., & Scherer, K. R. Beyond fear: Rapid spatial orienting toward positive emotional stimuli. *Psychological Science*, **19**, 362-370 (2008).
Brosch, T., Sander, D., & Scherer, K. R. That baby caught my eye... Attention capture by infant faces. *Emotion*, **7**, 685-689 (2007).
Hodsoll, J., Quinn, K. A., & Hodsoll, S. Attentional prioritization of infant faces is limited to own-race infants. *PLoS ONE*, **5**(**9**), e12509 (2010).
井原 なみは「"かわいい" 感情に関する心理生理学的検討」『平成25年度広島大学大学院総合科学研究科修士論文』(未公刊) (2014).
Koda, H., Sato, A., & Kato, A. Is attentional prioritisation of infant faces unique in humans?: Comparative demonstrations by modified dot-probe task in monkeys. *Behavioural Processes*, **98**, 31-36 (2013).
Lucion, M. K., Oliveira, V., Bizarro, L., Bischoff, A. R., Silveira, P. P., & Kauer-Sant'Anna, M. Attentional bias toward infant faces—Review of the adaptive and clinical relevance. *International Journal of Psychophysiology*, **114**, 1-8 (2017).
デイヴィッド・オグルヴィ『ある広告人の告白[新版]』(山内 あゆ子 訳) 海と月社 (2006).
大久保 重孝・井出野 尚・竹村 和久「乳幼児の笑顔画像呈示による感情誘導手法の提案—商品選択実験を用いた適用例—」『日本感性工学会論文誌』, **9**, 485-491 (2010).
Proverbio, A. M., De Gabriele, V., Manfredi, M., & Adorni, R. No race effect (ORE) in the automatic orienting toward baby faces: When ethnic group does not matter. *Psychology*, **2**, 931-935 (2011).
◆長く見つめられる
*Hildebrandt, K. A., & Fitzgerald, H. E. Adults' responses to infants varying

in perceived cuteness. *Behavioural Processes*, **3**, 159–172 (1978).
*入戸野 宏「行動科学的アプローチによるかわいい人工物の研究」『感性工学』, **10**, 91–95 (2011).
Nittono, H., & Ihara, N. Psychophysiological responses to *kawaii* pictures with or without baby schema. *SAGE Open*, **7**(**2**) doi:10.1177/2158244017709321 (2017).
Power, T. G., Hildebrandt, K. A., & Fitzgerald, H. E. Adults' responses to infants varying in facial expression and perceived attractiveness. *Infant Behavior and Development*, **5**, 33–44 (1982).

◆街中での幼児に対する反応

Nishiyama, K., Oishi, K., & Saito, A. Passersby attracted by infants and mothers' acceptance of their approaches: A proximate factor for human cooperative breeding. *Evolutionary Psychology*, **13**, 470–491 (2015).
Robinson, C. L., Lockard, J. S., & Adams, R. M. Who looks at a baby in public. *Ethology and Sociobiology*, **1**, 87–91 (1979).
Schleidt, M., Schiefenhövel, W., Stanjek, K., & Krell, R. "Caring for a baby" behavior: Reactions of passersby to a mother and baby. *Man-Environment Systems*, **10**, 73–82 (1980).

◆笑顔になる

*Darwin, C. R. *The expression of the emotions in man and animals*. John Murray (1872).
*Hildebrandt, K. A., & Fitzgerald, H. E. Adults' responses to infants varying in perceived cuteness. *Behavioural Processes*, **3**, 159–172 (1978).
Hildebrandt, K. A., & Fitzgerald, H. E. The infant's physical attractiveness: Its effect on bonding and attachment. *Infant Mental Health Journal*, **4**, 1–12 (1983).
木村 健太・江原 清香・片山 順一「ポジティブ情動における情動経験と表情筋活動」『感情心理学研究』, **20**, 96–104 (2013).
*Nishiyama, K., Oishi, K., & Saito, A. Passersby attracted by infants and mothers' acceptance of their approaches: A proximate factor for human cooperative breeding. *Evolutionary Psychology*, **13**, 470–491 (2015).
*入戸野 宏「行動科学的アプローチによるかわいい人工物の研究」『感性工学』,

10, 91-95 (2011).
*Nittono, H. & Ihara, N. Psychophysiological responses to *kawaii* pictures with or without baby schema. *SAGE Open*, **7**(**2**) doi:10.1177/2158244017709321 (2017).
*Power, T. G., Hildebrandt, K. A., & Fitzgerald, H. E. Adults' responses to infants varying in facial expression and perceived attractiveness. *Infant Behavior and Development*, **5**, 33-44 (1982).
Principe, C. P., & Langlois, J. H. Faces differing in attractiveness elicit corresponding affective responses. *Cognition and Emotion*, **25**, 140-148 (2011).
Schein, S. S., & Langlois, J. H. Unattractive infant faces elicit negative affect from adults. *Infant Behavior and Development*, **38**, 130-134 (2015).
*Schleidt, M., Schiefenhövel, W., Stanjek, K., & Krell, R. "Caring for a baby" behavior: Reactions of passersby to a mother and baby. *Man-Environment Systems*, **10**, 73-82 (1980).
Yamamoto, R., Ariely, D., Chi, W., Langleben, D. D., & Elman, I. Gender differences in the motivational processing of babies are determined by their facial attractiveness. *PLoS ONE*, **4**(**6**), e6042 (2009).
◆気分が良くなる
Myrick, J. G. Emotion regulation, procrastination, and watching cat videos online: Who watches Internet cats, why, and to what effect? *Computers in Human Behavior*, **52**, 168-176 (2015).
◆丁寧に行動するようになる
*Nittono, H., Fukushima, M., Yano, A., & Moriya, H. The power of *kawaii*: Viewing cute images promotes a careful behavior and narrows attentional focus. *PLoS ONE*, **7**(**9**), e46362 (2012).
Sherman, G. D., Haidt, J., & Coan, J. A. Viewing cute images increases behavioral carefulness. *Emotion*, **9**, 282-286 (2009).
Sherman, G. D., Haidt, J., Iyer, R., & Coan, J. A. Individual differences in the physical embodiment of care: Prosocially oriented women respond to cuteness by becoming more physically careful. *Emotion*, **13**, 151-158 (2013).

◆細部に注目しやすくなる

Fredrickson, B. L., & Branigan, C. Positive emotions broaden the scope of attention and thought-action repertoires. *Cognition and Emotion*, **19**, 313-332 (2005).

Gable, P. A., & Harmon-Jones, E. Approach-motivated positive affect reduces breadth of attention. *Psychological Science*, **19**, 476-482 (2008).

Griskevicius, V., Shiota, M. N., & Neufeld, S. L. Influence of different positive emotions on persuasion processing: A functional evolutionary approach. *Emotion*, **10**, 190-206 (2010).

*Nittono, H., Fukushima, M., Yano, A., & Moriya, H. The power of *kawaii*: Viewing cute images promotes a careful behavior and narrows attentional focus. *PLoS ONE*, **7**(**9**), e46362 (2012).

◆握りしめたくなる

Aragón, O. R., Clark, M. S., Dyer, R. L., & Bargh, J. A. Dimorphous expressions of positive emotion: Displays of both care and aggression in response to cute stimuli. *Psychological Science*, **26**, 259-273 (2015).

◆擬人化するようになる

Ahn, H.-K., Kim, H. J., & Aggarwal, P. Helping fellow beings: Anthropomorphized social causes and the role of anticipatory guilt. *Psychological Science*, **25**, 224-229 (2014).

アスペクト『擬人化たん白書』アスペクト(2006).

Butterfield, M. E., Hill, S. E., & Lord, C. G. Mangy mutt or furry friend? Anthropomorphism promotes animal welfare. *Journal of Experimental Social Psychology*, **48**, 957-960 (2012).

Epley, N., Akalis, S., Waytz, A., & Cacioppo, J. T. Creating social connection through inferential reproduction: Loneliness and perceived agency in gadgets, gods, and greyhounds. *Psychological Science*, **19**, 114-120 (2008).

Epley, N., Schroeder, J., & Waytz, A. Motivated mind perception: Treating pets as people and people as animals. In S. J. Gervais, (ed.), *Objectification and (de)humanization*. Nebraska Symposium on Motivation (Vol. 60, pp. 127-152). Springer (2013).

Epley, N., Waytz, A., & Cacioppo, J. T. On seeing human: A three-factor theory of anthropomorphism. *Psychological Review*, **114**, 864-886 (2007).
大澤 博隆「人工知能はどのように擬人化されるべきなのか？―人の擬人化傾向に関わる知見と応用」『人工知能』, **29**, 182-189 (2014).
*Sherman, G. D., & Haidt, J. Cuteness and disgust: The humanizing and dehumanizing effects of emotion. *Emotion Review*, **3**, 245-251 (2011).
Tam, K.-P., Lee, S.-L., & Chao, M. M. Saving Mr. Nature: Anthropomorphism enhances connectedness to and protectiveness toward nature. *Journal of Experimental Social Psychology*, **49**, 514-521 (2013).

◆世話したくなる

Badr, L. K., & Abdallah, B. Physical attractiveness of premature infants affects outcome at discharge from the NICU. *Infant Behavior and Development*, **24**, 129-133 (2001).
Langlois, J. H., Ritter, J. M., Casey, R. J., & Sawin, D. B. Infant attractiveness predicts maternal behaviors and attitudes. *Developmental Psychology*, **31**, 464-472 (1995).
Volk, A. A., Lukjanczuk, J. M., & Quinsey, V. L. Influence of infant and child facial cues of low body weight on adults' ratings of adoption preference, cuteness, and health. *Infant Mental Health Journal*, **26**, 459-469 (2005).
Volk, A., & Quinsey, V. L. The influence of infant facial cues on adoption preferences. *Human Nature*, **13**, 437-455 (2002).

◆手助けしたくなる

岡田 美智男『〈弱いロボット〉の思考―わたし・身体・コミュニケーション』講談社現代新書 (2017).

◆頼みを断らなくなる

Bellfield, J., Bimont, C., Blom, J., Dommeyer, C. J., Gardiner, K., Mathenia, E., & Soto, J. The effect of a cute stimulus on personally-initiated, self-administered surveys. *Marketing Bulletin*, **22**, Research Note 1 (2011).
Guéguen, N., & Ciccotti, S. Domestic dogs as facilitators in social interaction: An evaluation of helping and courtship behaviors. *Anthrozoös*, **21**, 339-349 (2008).
Mariti, C., Papi, F., Zilocchi, M., Massoni, E., Herd-Smith, L., & Gazzano,

A. Puppies' appeal for people: A comparison with small adult dogs. *Journal of Veterinary Behavior*, **6**, 89–90 (2011).

Wells, D. L. The facilitation of social interactions by domestic dogs. *Anthrozoös*, **17**, 340–352 (2004).

◆環境を守りたくなる

Cian, L., Krishna, A., & Elder, R. S. A sign of things to come: Behavioral change through dynamic iconography. *Journal of Consumer Research*, **41**, 1426–1446 (2015).

Huddy, L., & Gunnthorsdottir, A. H. The persuasive effects of emotive visual imagery: Superficial manipulation or the product of passionate reason? *Political Psychology*, **21**, 745–778 (2000).

高橋 雄介・山形 伸二・木島 伸彦・繁桝 算男・大野 裕・安藤 寿康「Grayの気質モデル―BIS/BAS尺度日本語版の作成と双生児法による行動遺伝学的検討」『パーソナリティ研究』, **15**, 276–289 (2007).

Wang, T., Mukhopadhyay, A., & Patrick, V. M. Getting consumers to recycle NOW! When and why cuteness appeals influence prosocial and sustainable behavior. *Journal of Public Policy & Marketing*, **36**, 269–283 (2017).

◆自分に甘くなる

Nenkov, G. Y., & Scott, M. L. "So cute I could eat it up": Priming effects of cute products on indulgent consumption. *Journal of Consumer Research*, **41**, 326–341 (2014).

Scott, M. L., & Nenkov, G. Y. Using consumer responsibility reminders to reduce cuteness-induced indulgent consumption. *Marketing Letters*, **27**, 323–336 (2016).

◆食べ物とかわいさ

Boyer, L. E., Laurentz, S., McCabe, G. P., & Kranz, S. Shape of snack foods does not predict snack intake in a sample of preschoolers: A cross-over study. *International Journal of Behavioral Nutrition and Physical Activity*, **9**, 94 (2012).

Branen, L., Fletcher, J., & Hilbert, L. Snack consumption and waste by preschool children served "cute" versus regular snacks. *Journal of Nutrition Education and Behavior*, **34**, 279–282 (2002).

Lee, H.-C., Chang, C.-T., Chen, Y.-H., & Huang, Y.-S. The spell of cuteness in food consumption? It depends on food type and consumption motivation. *Food Quality and Preference*, **65**, 110-117 (2018).

Olsen, A., Ritz, C., Kramer, L., & Møller, P. Serving styles of raw snack vegetables. What do children want? *Appetite*, **59**, 556-562 (2012).

◆動物の効果

Beetz, A., Uvnäs-Moberg, K., Julius, H., & Kotrschal, K. Psychosocial and psychophysiological effects of human-animal interactions: The possible role of oxytocin. *Frontiers in Psychology*, **3**, 234 (2012).

De Dreu, C. K. W., Greer, L. L., Van Kleef, G. A., Shalvi, S., & Handgraaf, M. J. J. Oxytocin promotes human ethnocentrism. *Proceedings of the National Academy of Sciences*, **108**, 1262-1266 (2011).

Herzog, H. The impact of pets on human health and psychological well-being: Fact, fiction, or hypothesis? *Current Directions in Psychological Science*, **20**, 236-239 (2011).

Levine, G. N., et al. Pet ownership and cardiovascular risk: A scientific statement from the American Heart Association. *Circulation*, **127**, 2353-2363 (2013).

Mueller, M. K., Gee, N. R., & Bures, R. M. Human-animal interaction as a social determinant of health: Descriptive findings from the health and retirement study. *BMC Public Health*, **18**, 305 (2018).

Parslow, R. A., Jorm, A. F., Christensen, H., Rodgers, B., & Jacomb, P. Pet ownership and health in older adults: Findings from a survey of 2,551 community-based Australians aged 60-64. *Gerontology*, **51**, 40-47 (2005).

Wells, D. L. The effect of videotapes of animals on cardiovascular responses to stress. *Stress and Health*, **21**, 209-213 (2005).

◆ぬいぐるみの効果

Sumioka, H., Nakae, A., Kanai, R., & Ishiguro, H. Huggable communication medium decreases cortisol levels. *Scientific Reports*, **3**, 3034 (2013).

Tai, K., Zheng, X., & Narayanan, J. Touching a teddy bear mitigates negative effects of social exclusion to increase prosocial behavior. *Social Psychological and Personality Science*, **2**, 618-626 (2011).

浦 光博『排斥と受容の行動科学―社会と心が作り出す孤立』サイエンス社 (2009).

◆コラム 6：論文に書いてあることを信じてよいか

レイモンド・チャンドラー『プレイバック』(村上 春樹 訳) 早川書房 (2016).

Open Science Collaboration. Estimating the reproducibility of psychological science. *Science*, **349**, aac4716 (2015).

カール・R・ポパー『科学的発見の論理 (上)』(大内 義一・森 博 訳) 恒星社厚生閣 (1971).

友永 雅己・三浦 麻子・針生 悦子 編「特集：心理学の再現性」『心理学評論』, **59**, 1-141 (2016).

第七章 「かわいい」の応用

◆ギフトと笑顔の関係

Yang, A. X., & Urminsky, O. The smile-seeking hypothesis: How immediate affective reactions motivate and reward gift giving. *Psychological Science*, **29**, 1221-1233 (2018).

◆「かわいい」瞑想

草薙 龍瞬『これも修行のうち。実践！あらゆる悩みに「反応しない」生活』KADOKAWA (2016).

吉田 昌生『1 日 10 分で自分を浄化する方法―マインドフルネス瞑想入門』WAVE 出版 (2015).

Zeng, X., Chiu, C. P. K., Wang, R., Oei, T. P. S., & Leung, F. Y. K. The effect of loving-kindness meditation on positive emotions: A meta-analytic review. *Frontiers in Psychology*, **6**, 1693 (2015).

◆高齢者にとっての「かわいい」

豊島 彩・入戸野 宏「高齢者が感じる“かわいい”の構成要素」(発表準備中).

◆コラム 7：実験心理学は社会に貢献できるか

入戸野 宏「モノづくりにおける実験心理学の貢献可能性」『心理学評論』, **60**, 312-321 (2017).

第八章 「かわいい」はなぜ大切か

◆「かわいい」の二層モデル

*入戸野 宏「“かわいい”に対する行動科学的アプローチ」『広島大学大学院総合科学研究科紀要 I 人間科学研究』, **4**, 19-35 (2009).

*Nittono, H. The two-layer model of ‘kawaii’: A behavioural science framework for understanding kawaii and cuteness. *East Asian Journal of Popular Culture*, **2**, 79-95 (2016).

◆日本文化論・日本人論

イザヤ・ベンダサン『日本人とユダヤ人』山本書店 (1970).

土居 健郎『「甘え」の構造』弘文堂 (1971).

芳賀 綏『日本人らしさの構造―言語文化論講義』大修館書店 (2004).

芳賀 綏『日本人らしさの発見―しなやかな〈凹型文化〉を世界に発信する』大修館書店 (2013).

金子 みすゞ 詩, D・P・ダッチャー 訳『Something nice : 金子みすゞ童謡集』JULA 出版局 (1999).

李 御寧『「縮み」志向の日本人』学生社 (1982).

Motokawa, T. Sushi science and hamburger science. *Perspectives in Biology and Medicine*, **32**, 489-504 (1989).

中根 千枝『タテ社会の人間関係』講談社現代新書 (1967).

Shiota, M. N., Neufeld, S. L., Yeung, W. H., Moser, S. E., & Perea, E. F. Feeling good: Autonomic nervous system responding in five positive emotions. *Emotion*, **11**, 1368-1378 (2011).

Takano, Y., & Osaka, E. Comparing Japan and the United States on individualism/collectivism: A follow-up review. *Asian Journal of Social Psychology*, **21**, 301-316 (2018).

高月 靖『ロリコン―日本の少女嗜好者たちとその世界』バジリコ (2009).

◆他分野における「かわいい」の研究

日本建築学会 編『「かわいい」と建築』海文堂出版 (2018).

大倉 典子 編著『「かわいい」工学』朝倉書店 (2017).

吉武 裕美子・勝身 俊之・南口 誠・西川 雅美・宮 正光・近藤 みずき・白仁田 沙代子・田辺 里枝・山本 麻希「「かわいい」を取り入れた科学実験・工作のコミュニケーション効果」『科学技術コミュニケーション』, **19**,

31-42（2016）.

●「かわいい」に関連する書籍●

◆国内外で出版された本を年代順に示す

山根 一眞『変体少女文字の研究―文字の向うに少女が見える』講談社（1986）.

大塚 英志『少女民俗学―世紀末の神話をつむぐ「巫女の末裔」』光文社（1989）.

山根 一眞『「ギャル」の構造―情遊化社会と女性パワー』世界文化社（1990）.

島村 麻里『ファンシーの研究―「かわいい」がヒト，モノ，カネを支配する』ネスコ（1991）.

荷宮 和子・大塚 英志『クマの時代―消費社会をさまよう者の「救い」とは（少女民俗学パート２）』光文社（1993）.

増淵 宗一『かわいい症候群』日本放送出版協会（1994）.

『美術手帳』「特集：かわいい」1996年2月号，美術出版社.

Harris, D. *Cute, quaint, hungry and romantic: The aesthetics of consumerism*. Basic Books（2000）.

山田 徹『キャラクタービジネス―「かわいい」が生み出す巨大市場』PHP研究所（2000）.

Belson, K., & Bremner, B.（2004）. *Hello Kitty: The remarkable story of Sanrio and the billion dollar feline phenomenon*. Wiley.〔ケン・ベルソン，ブライアン・ブレムナー『巨額を稼ぎ出すハローキティの生態』（酒井 泰介 訳）東洋経済新報社（2004）〕

四方田 犬彦『「かわいい」論』ちくま新書（2006）.

古賀 令子『「かわいい」の帝国―モードとメディアと女の子たち』青土社（2009）.

真壁 智治・チームカワイイ『カワイイパラダイムデザイン研究』平凡社（2009）.

櫻井 孝昌『世界カワイイ革命―なぜ彼女たちは「日本人になりたい」と叫ぶのか』PHP新書（2009）.

仲川 秀樹『“おしゃれ”と“カワイイ”の社会学―酒田の街と都市の若者文化』学文社（2010）.

Botz-Bornstein, T. *The cool-kawaii: Afro-Japanese aesthetics and new world*

modernity. Lexington Books (2011).
『芸術新潮』「特集：ニッポンの『かわいい』」2011年9月号，新潮社.
中村 圭子 編『日本の「かわいい」図鑑―ファンシー・グッズの100年』河出書房新社（2012).
Hart, C. *Manga for the beginner kawaii: How to draw the supercute characters of Japanese comics*. Watson-Guptill (2012).
Ngai, S. *Our aesthetic categories: Zany, cute, interesting*. Harvard University Press (2012).
Okazaki, M., & Johnson, G. *Kawaii! Japan's culture of cute*. Prestel (2013).
Yano, C. R. *Pink globalization: Hello Kitty's trek across the Pacific*. Duke University Press (2013).〔クリスティン・ヤノ『なぜ世界中が，ハローキティを愛するのか？―“カワイイ”を世界共通語にしたキャラクター』(久美 薫 訳) 作品社（2017)〕
真壁 智治『ザ・カワイイヴィジョン a（感覚の発想)』VNC/鹿島出版会（2014).
真壁 智治『ザ・カワイイヴィジョン b（感覚の技法)』VNC/鹿島出版会（2014).
『Pen（ペン)』「特集：『カワイイ』JAPAN」2014年10月1日号，CCCメディアハウス.
青柳 絵梨子『〈ルポ〉かわいい！　竹久夢二からキティちゃんまで』寿郎社（2014).
工藤 保則『カワイイ社会・学―成熟の先をデザインする』関西学院大学出版会（2015).
阿部 公彦『幼さという戦略―「かわいい」と成熟の物語作法』朝日新聞出版（2015).
横幹〈知の統合〉シリーズ編集委員会 編『カワイイ文化とテクノロジーの隠れた関係』東京電機大学出版局（2016).
Dale, J. P., Goggin, J., Leyda, J., McIntyre, A. P., & Negra, D. *The aesthetics and affects of cuteness*. Routledge (2016).
大倉 典子 編著『「かわいい」工学』朝倉書店（2017).
石川 桂子 編『竹久夢二 かわいい手帖―大正ロマンの乙女ワールド』河出書房新社（2017).

吉光 正絵・池田 太臣・西原 麻里 編著『ポスト〈カワイイ〉の文化社会学―女子たちの「新たな楽しみ」を探る』ミネルヴァ書房（2017）.
Boyle, J., & Kao, W.-C. *The retro-futurism of cuteness*. Punctum Books（2017）.
Marcus, A., Kurosu, M., Ma, X., & Hashizume, A. *Cuteness engineering: Designing adorable products and services*（Springer Series on Cultural Computing）. Springer（2017）.
伊藤 氏貴『美の日本―「もののあはれ」から「かわいい」まで』明治大学出版会（2018）.
増田 セバスチャン『世界にひとつだけの「カワイイ」の見つけ方』サンマーク出版（2018）.
日本建築学会 編『「かわいい」と建築』海文堂出版（2018）.
May, S. *The power of cute*. Princeton University Press（2019）.

入戸野　宏（にっとの・ひろし）

1971年、横浜市生まれ。1998年、大阪大学大学院人間科学研究科修了。博士（人間科学）。広島大学総合科学部助手、広島大学大学院総合科学研究科准教授を経て、2016年より大阪大学大学院人間科学研究科・教授。

専門は、実験心理学、認知心理生理学。

認知・感情・動機づけといった心理学のテーマについて、身体的・生理的な反応も測定しながら多角的に研究している。

著書・訳書・編書に、『心理学のための事象関連電位ガイドブック』（北大路書房）、『メディア心理生理学』（北大路書房）、『シリーズ人間科学3：感じる』（大阪大学出版会）などがある。

研究室ホームページ：http://cplnet.jp

DOJIN選書　081
「かわいい」のちから　実験《じっけん》で探《さぐ》るその心理《しんり》

第1版　第1刷　2019年6月1日
　　　　第3刷　2025年6月20日

検印廃止

著　者　入戸野 宏
発行者　曽根 良介
発行所　株式会社化学同人
600-8074　京都市下京区仏光寺通柳馬場西入ル
編集部　TEL：075-352-3711　FAX：075-352-0371
企画販売部　TEL：075-352-3373　FAX：075-351-8301
振替　01010-7-5702
https://www.kagakudojin.co.jp　webmaster@kagakudojin.co.jp

装　幀　BAUMDORF・木村 由久
印刷・製本　創栄図書印刷株式会社

ISBN978-4-7598-1681-5